少子社会

为什么日本人不愿意生孩子？

[日] 山田昌弘 著

丁青 译

上海教育出版社
SHANGHAI EDUCATIONAL PUBLISHING HOUSE

第四章 生活预期与收入前景

一、生育孩子的经济条件 …… 72

二、战后经济高速增长期的出生率稳定（1955—1975年） …… 77

第五章 少子化因何开始（1975—1995年）

一、低增长期与经济发展预期的变化 …… 92

二、单身寄生族的诞生 …… 111

三、欧美的应对方式 …… 120

第六章 少子化因何加剧（1995年至今）

一、新经济形态普及 …… 128

二、未婚率的进一步增长 …… 138

三、已婚夫妇的生育控制 …… 158

目录

序　章　日本少子社会拉开序幕

第一章　**日本少子化的现状**

一、少子化加剧的四个要点……16

二、伴随着家庭与地区差异的少子化……24

三、少子化何以成为社会问题……32

第二章　**关于家庭的理想与现实**

一、结婚、生育的意愿降低了吗……46

二、家庭变得日益重要……50

第三章　**探讨少子化原因**

一、少子化相关的差距……58

二、战后日本社会与少子化……65

第七章　**恋爱结婚的发展历程**

一、恋爱与结婚的根本性变化 …… 170

二、恋爱与结婚的普及期（1980年以前） …… 174

三、恋爱与结婚的分离以及吸引力差距（1980年以后） …… 180

四、奉子成婚的增加 …… 190

第八章　**少子化问题能否解决**

一、解决少子化问题面临的挑战 …… 196

二、出生率下降趋势能否扭转 …… 202

三、作为应对预期与现实差异的少子化对策 …… 208

后　记 …… 215

参考文献一览 …… 223

序章

日本少子社会拉开序幕

人口加速减少

2006年12月20日,随着年底的临近,社会保障审议会[1]人口小组委员会召开了会议。会上,国立社会保障与人口问题研究所公布了日本的未来预测人口[2]。

假设总和生育率(平均每位女性一生中生育的子女数)维持在目前的水平,根据中位数进行推测,2005年的日本总人口为1.2777亿,到2025年将降至1.2亿以下,2045年将跌破1亿。而到2055年,日本总人口预计将降至8 993万人(图序-1)。即

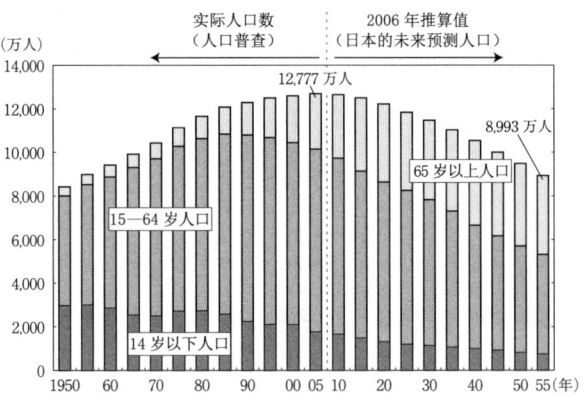

图序-1 总人口的变化(以中位数估计)

出处:《日本的未来预测人口》(2006年12月),国立社会保障与人口问题研究所。

使是按出生率回升的高位数推测[3],估计也只有9 777万人;而若出生率降低至目前东京都水平,即按低位数推测,则为8 411万人,仅为2005年人口的三分之二。

表序-1 出生数、死亡数的变化(以中位数估计)

年份	实际数值(1 000人)			比例(每1 000人)		
	出生	死亡	自然增加	出生	死亡	自然增加
2006	1 090	1 103	－13	8.5	8.6	－0.1
2010	935	1 192	－257	7.3	9.4	－2.0
2015	836	1 314	－478	6.7	10.5	－3.8
2020	773	1 129	－656	6.3	11.6	－5.3
2025	731	1 526	－795	6.1	12.8	－6.7
2030	695	1 597	－902	6.0	13.9	－7.8
2035	645	1 646	－1 001	5.8	14.9	－9.0
2040	582	1 663	－1 081	5.5	15.7	－10.2
2045	526	1 641	－1 115	5.2	16.3	－11.1
2050	485	1 593	－1 108	5.1	16.7	－11.6
2055	457	1 556	－1 100	5.1	17.3	－12.2

注:包含在日外国人。
出处:同前。

比总人口减少更令人心惊的是出生人口的迅速下降。即使根据中位数推测,总和生育率基本维持在1.26的水平不变,实际出生的新生儿数量,自从人口规模较大的"第二次婴儿潮一代"(指1970—1974年出生)女性过了育龄之后的2010年前后开始急遽减少,2025年将至73.1万人,到了2055年则仅有45.7万人,预计只有现在水平的四成(2006年速报值约112万人)。

2005年老年人口(65岁以上)为2 576万人,今后将继续增长,预计2042年达到峰值3 867万人,2055年将达到3 646万人(老年人口占比40.5%)。15岁以下的青少年人口为755万人,届时环顾四周,看到的将大部分是老年人。

人口规模每五年重新推测一次,可以看到与上次相比,人口减少的速度在加快。

从世界范围来看,少子化问题如此严峻的国家也很少见。韩国、中国台湾、新加坡等东南亚发达国家或地区的少子化也急速发展,但日本一马当先,总人口率先开始减少。

十五年前的白皮书

"少子化"这个词首先出现在1992年的《平成四年版国民生活白皮书》(经济企划厅编),标题为"少子社会的到来,其影响与应对"。之后,与"老龄化"相对,少子化用来表示"新生儿数量和出生率的持续减少",并渐渐广为人知。本书也将"新生儿数量的持续减少"称为少子化。

十五年之后的今天，再看这份白皮书，不禁惊叹如今少子化相关的问题大多早有论述。当时是泡沫经济末期，对于未来的日本社会，多数人都还很乐观。书中就明确指出，若少子化按当时的趋势继续发展下去，那么经济增长将放缓，劳动人口的负担增大，并引起种种社会问题。

书中还记载了如今提倡的大部分少子化对策，包括提高女性的就业率、为职场妈妈提供方便的工作环境等。

虽然未免有事后诸葛亮之嫌，但如果当初能够认真贯彻白皮书中的方针，大胆改革，恐怕日本的少子化状况也不会严峻至此。因为1992年，第二次婴儿潮一代刚刚成年，还未进入适龄生育期，即便如此，总和生育率也达到1.53（1991年），高于德国、意大利，与英国、法国等欧洲诸国相比也绝不逊色。若第二次婴儿潮一代也保持这一结婚率和生育率，少子化可能也不会成为如此深刻的社会问题。或许，正因当时的出生率尚与欧洲持平，第二次婴儿潮一代还未登上历史舞台，所以政府轻视了这个问题。

当时的人口学家也认为日本的少子化只是表面现象，出生率迟早会回升。因为基于当时的判断，即便晚两三年结婚，绝大多数女性最终总要结婚，并生育两个孩子。我自1997年起担任厚生省人口问题审议会的专门委员，记得当时很多观点都表示,"出现晚婚趋势,眼下总和生育率暂时降低,但将来肯定会恢复。"

1998年的《平成十年厚生白皮书》(小泉纯一郎担任厚生大臣时的白皮书)的标题是"思考少子社会",副标题为"建设一个以生儿育女为梦想的社会"。1996年的总和生育率已降低到1.43,可见,政府多少有了危机感。这份白皮书指出,只要改善职场妈妈的工作环境,例如建立托儿所等,那么人们就会产生结婚生子的意愿。现在看来,这份白皮书出台当时,年轻人的就业环境就已开始崩溃。

缺失少子化对策的十年

现实是,事态正不断恶化。泡沫经济破灭,平成萧条[4],经济全球化、信息化急速发展。20世纪90年代后半,政府放松就业管制,金融危机波及已到适婚适育年龄的第二次婴儿潮一代。大量自由职业者与派遣员工等非正式雇用增加,正式员工收入也毫无增长。尽管经济结构的变动并非政府的直接责任,但政府疏于应对年轻人经济状况恶化的问题。

在改善工作环境之前,年轻人先失去了工作,生活捉襟见肘。

后果就是少子化超乎预测地持续加剧,人口减少,这就是现状。之前略高于德国、意大利的出生率,也在少子化对策推后实施的过程中急转直下,现在除了韩国,日本的出生率已经是发达国家中的最低。

讽刺的是,转折点出现在因省厅统合[5]而废止人口问题审议会的 2001 年前后。原本期待第二次婴儿潮一代即便晚婚,也终将结婚并生育两个以上的孩子,结果他们的未婚率反而升高了。他们并非推迟结婚,而是想结婚也结不了,而且终生未婚的人数也明显增加了。同时,这也意味着每对夫妻平均养育的孩子数量减少了。如果第二次婴儿潮一代能够按预期结婚生子的话,总人口最早也将在 2010 年以后才开始减少。现实情况完全脱离了预想。

20 世纪 90 年代可以说正是日本少子化对策"失去的十年"。经济即使失去十年也有可能重振,但人口问题不同。人类是生物,第二次婴儿潮一代无法重返青春。日本自此之后,恐怕只能与少子化和人口减少相伴前行。

寻找少子化的原因

无论是学术论文还是综艺节目,都已经列举了无数少子化加剧的原因。

可能是因为少子化事关家庭关系、结婚、生育等领域,过于贴近生活,没有受过学术训练的"外行"也能点评一二。当然,也有说得在理的情况,但是其中大部分观点都只是一般化个人见闻而得到的知识见解。若身边有女性说"想要工作所以不想结婚",则认为这就是原因;若听到"讨厌小孩"的言论,就以为只要解决这个问题出生率就会上升。其中也不乏认为是受环境激素的影响造成不育的,或者严肃主张因为推行DV法[6](配偶暴力防止法)导致男性恐婚的。众说纷纭,莫衷一是,令人感到困惑。

另一方面,学者们进行了大量经济学分析以及社会学调查研究,也有很多学术研究试图找到生育率的统计学差异。确实,有分析结果显示,"如果△△的话,那么出生率会上升××个百分点"。这种研究结果本身是正确的,但很容易只见树木,不见森林。

生育率下降是由多种因素造成的,不可能将其归咎于某个单一的原因。不婚、不育的原因,也根据个人的情况各有不同。也许有人想要工作,也许有人讨厌孩子。但是,并不意味着他们是日本出生率持续下降的主要原因。

另外,无论在统计学和调查分析中如何细致深入,也不是所有的变量都可以长期跟踪的。变量之间的关系很复杂,要处理多个变量是很困难的。换句话说,现阶段还无法在调查统计分析的基础上得出少子化的原因。

是因为女性社会地位的提高吗

在本书中,我冒昧提出了导致日本少子化的决定性因素的假设。

自1975年以来,生育率持续下降。这是在战后日本社会的结构性变化过程中产生的,首先必须要从这一事实出发。说到1975年以来持续发展的事情,很多人会提到女性社会地位的提高(女性就业率提高)。于是,许多评论家认为,女性就业率增加是导致低出生率的原因,或者说低出生率是由于女性进入职场,但无法兼顾工作和育儿。

这一点我无法苟同。确实,女性进入职场,以及无法平衡工作与育儿是出生率下降的原因之一。但我不认为是主要原因。不如说,女性进入职场一定程度上是出生率下降的"结果",准确地说,是导致生育率下降的结构变化所造成的。

人们常说二三十岁的女性就业率上升是导致出生率下降的原因,但这是本末倒置的观点。就业率上升是少子化,准确地说,是不婚的结果。打算结婚后就不再工作的人,因为没有结婚,所以一直工作。正因如此,就业率才提高。大多数女性并不是因为想要继续工作而不结婚。正如本书所述,未婚女性的非正式就业率在过去十年中有所上升。很多从事自由职业或临时工的女性,是否是因为想保住工作而不想结婚呢?她们做兼职是为了维持生计、贴补家用。如果年纪大了还没找到结婚对象,二三十岁的女性就业率就会提高。

当然,女性社会地位的提高也是1975年以来日本社会的结构性变化中的现象之一。在日本,由于社会经济结构的变化和女性在社会中的地位没有得到充分的提高,出生率的下降并没有像欧美国家那样被遏止,形势甚至更加严峻,本书旨在论证这一点。

日本少子化的主要原因

在本书中,我总结出日本少子化的主要原因是"青年男性收入不稳定"和"单身寄生现象"两个主要因素的结合(术语为交互作用)。单身寄生族(后面会详细介绍),是指毕业后仍依靠父母维持基本生活的单身人士。我认为这是韩国、中国台湾等东亚国家和地区出生率迅速下降的主要原因。

当然,也有一些附加条件。其中包括"两性平等进展缓慢(女性在社会中的地位没有得到充分提高)"。另一个次要因素是"男女关系自由化"。

但是,说到底,只有当两个主要因素结合在一起的时候,少子化才能发生,因为任何一个原因的单独作用都不可能导致出生率下降：

A 即便青年男性收入不稳定,若没有单身寄生现象,则出生率不会下降;

B 即使出现单身寄生现象,若青年男性的收入前景良好,则出生率不会下降。

而作为次要因素的"男女关系自由化",也需要在两个因素的共同作用造成的社会状况下,才能与出生率下降联系起来。关于这一点,将在第七章中论述。

收入不稳定不是唯一的原因

自 20 世纪 80 年代以来,每个发达国家都出现了年轻男性工作无保障和收入差距扩大的情况(由于女性进入职场,女性的收入差距同样也在扩大)。在美国和英国,收入差距扩大甚至超过了日本。在法国、德国等欧洲国家,年轻人的失业率高于日本,能够就业的年轻人和无法就业的年轻人之间收入的差距也在扩大。即使在以社会福利著称的北欧国家,收入差距也越来越大。

21 世纪初,有人说日本已经成为一个不平等社会[7],但在西方,这种情况早已出现。美国的现实状况让日本难以想象——因为无法独自生活,所以必须尽快结婚。专栏作家艾伦瑞克所著报告文学《我在底层的生活》[8]出色地描绘了美国"穷忙族"[9]的生存实景。其中作者一再告诉我们的事实是,"穷忙族无法独自生活"。在美国,阶级分化严重,低收入人口众多,房租等生活成本高昂。艾伦瑞克亲身体验了若无一技傍身,白人中年女性独自生活是如何举步维艰。两个人住在一起,把收入合在一起,比一个人生活要容易得多。所以,不仅未婚者焦虑,离了婚的人也急着再婚。在美国"独身"生活,是高收入者才能享有的"奢侈品"。其结果是结婚率上升,出生率也随之上升。这就是美国就业不稳定,却仍具有高出生率的原因。

西北欧(北欧、法国、比荷卢经济联盟诸国[10]、德国)也有相似的状况。这些国家中的青年低收入者结婚、生育后,可以依靠完备的社会福利制度生活下去,至少比低收入或失业的单身生活要好过一些。

在盎格鲁-撒克逊诸国(英国、美国、澳大利亚、加拿大等)与西北欧,孩子成年以后一般会离开父母独自生活。虽然近年有调查显示年轻人与父母同居的时间有所延长,但如果超过25岁,没有特殊情况却还与父母一起生活的话,会被人用异样的眼光看待。换句话说,社会文化强迫其独立生活。所以,年轻人就业情况的恶化反而成为促进结婚的因素,而没有成为结婚的阻碍。

但是在日本,未婚者与父母同居的多,一个人生活的少。并且,诸如飞特族[11]等低收入者,独自生活会立即陷入贫困,所以多数选择与父母同住。与欧美不同,日本的父母不会理所当然地认为未婚的孩子应该独立生活,而且很多父母甚至不愿孩子出去独立生活(参考拙作《单身寄生时代》)。因此,年轻人收入不稳定直接导致了不婚,这一现象在产业化的东亚诸国,西班牙、意大利等南欧诸国也屡见不鲜。

另外,日本有着根深蒂固的性别分工意识[12],女性被允许在找到收入稳定的男性结婚之前与父母同住。不,不仅是被允许,父母期望女儿在找到收入稳定的男性结婚之前与自己同住。日本社会中残留的性别分工意识也可以说是单身寄生现象导致的结果。

并且,单身寄生现象强化了"教育奢侈化"的意识,这种意识也成为婚后生育意愿降低的重要原因。

当然,只有单身寄生现象的话是不会引起少子化的。自战前起,年轻人婚前普遍与父母同居。但在多数青年男性收入稳定且持续增加的时代,即使存在单身寄生现象,仍有很多年轻人步入婚姻,生育子女,并且可以给孩子提供比自己小时候更富裕的经济条件。

日本少子化现状如何,引起了怎样的后果,日本以怎样的逻辑、经过什么过程进入了少子社会，本书将在以下的章节中进行说明。

1. 社会保障审议会是设置在厚生劳动省的审议会之一。其职责是接受厚生劳动大臣的咨询，调查审议社会保障制度的横向基本事项、各种社会保障制度和人口问题等相关事项。
2. 以日本国势调查（人口普查）为基础，以每月的人口出生、死亡、迁入、迁出做加减而得出的人口预测值，其中包括外国人。
3. 由于不确定因素较大，国立社会保障与人口问题研究所对未来人口进行了高、中、低三种情况的推算。将迄今为止的推算值与实际值进行比较，中位数推算值与实际值基本一致。
4. 平成萧条，指日本泡沫经济以后平成年代的大萧条，从20世纪90年代初到21世纪初，即"失去的十年"。
5. 省厅统合，指日本中央省厅的机能与组织的再编，特指于2001年1月6日根据《中央省厅等改革基本法》实行的一次改革。
6. 全称《防止配偶暴力和保护受害者法》，于2001年施行。
7. 参见橘木俊诏著《格差社会》，新星出版社，2019年。
8. 参见芭芭拉·艾伦瑞克著《我在底层的生活》，北京联合出版公司·后浪出版公司，2014年。
9. 指无法摆脱"越贫穷越工作，越工作越贫穷"这一恶性循环的底层低薪劳动者。
10. 由三个相邻的西欧君主立宪国家——荷兰、比利时和卢森堡——组成的联盟。
11. 没有固定职业，以兼职维持生计的人。
12. 指男主外、女主内的传统性别分工意识。

第一章

日本少子化的现状

一、少子化加剧的四个要点

将来历史学家或许会将 2005 年作为"日本人口减少元年"。

该结果发布于 2006 年,不仅是人口规模,其他各种统计、调查数据也陆续公布。从许多层面上来说,日本社会少子化问题的现状已明显变得十分严重。

我将这些数据归纳为"少子化加剧的四个要点"。

以下将分别具体来看每一个要点。

表 1-1　少子化加剧的四个要点(均为 2005 年)

① 人口动态统计 1	日本的总人口开始减少
② 人口动态统计 2	总和生育率 1.26(在发达国家中仅高于韩国)
③ 人口普查统计	未婚率　30—34 岁人口女性 32.0%,男性 47.1%
④ 出生率趋势的基本调查	终身生育率(夫妻的子女数)低下 2.23→2.09

日本的总人口减少

2005 年,日本的总人口自有统计数据以来,首次出现了减少的记录。

该年,日本新生儿共 1 062 530 人,与前一年相比减少了

48 000余人;死亡人口受老龄化影响,达到1 083 796人,与前一年相比增加了55 000余人。二者相抵,人口净减少21 266人。而据推算,2005年1月1日至2006年1月1日这一期间内,日本人口达到峰值(据总务省统计局数据,截至2005年10月1日,人口约为127 768 000人,与2004年10月1日相比减少了22万人。另外,2006年10月1日的人口估计为1.275亿人。据2006年速报值,出生人口恢复到约112万人,虽有增长,但减少的倾向并没有变化)。

这样的总人口减少,随着少子老龄化进展,本在意料之中。2002年厚生劳动省发表的人口预测显示,2006年将出现人口减少,而实际比预计要早了一年(据1997年预测,人口峰值将出现于2007年)。

不仅如此,不得不注意纵贯近三十年持续的人口减少。如图1-1所示,第一次婴儿潮中的顶峰1949年出生了2 696 638人。虽然1966年有所谓的"丙午"出生控制,出现了例外值136.1万人(基于"该年出生的女性会强到把男性咬死"的迷信,导致出生人数暂时减少),1973年出生人口为209.2万人,日本迎来了第二次婴儿潮。随后,1974年之后呈持续下降趋势,1993年跌破120万,即使第二次婴儿潮一代到了生育适龄期,人口也没有增长,基本呈现平稳态势。2005年更是一举跌破

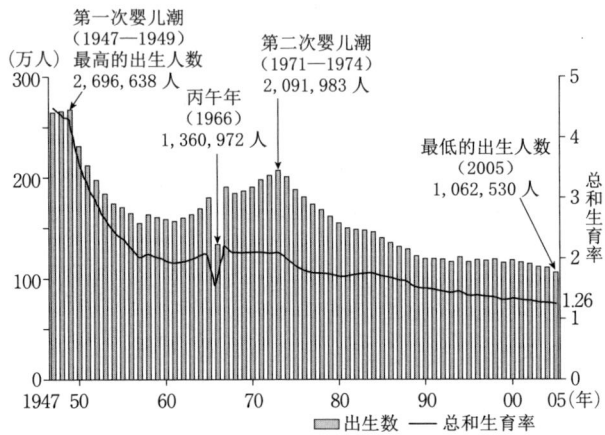

图 1-1　出生人数与总和生育率的变化

出处:《日本的未来预测人口》(2006 年 12 月),国立社会保障与人口问题研究所。

110 万。基本上,三十余年间,出生人口减少了一半。

总和生育率创新低

第二点是,2005 年的总和生育率为 1.26(确定值,速报值为 1.25),更新了历年来的最低值。

总和生育率是指每个女性一生中平均生育的子女数,这个术语在少子化成为社会问题以来,成了大部分人都能够理解的概念。人口学术语成为一般用语这件事本身就代表了人们对少子化的关心程度。最近,总和生育率的简称TFR(Total Fertility Rate)也被广泛使用。

这项数值,正如图1-1所示,在战后数年间,一直到婴儿潮时代都高于4.0。也就是说当时的家庭,平均都是四个孩子。虽然总和生育率自1950年开始急遽降低,但到1955年恢复平稳,持续至1974年,除了丙午年(1966),都高于2.0。

如果一位女性生育约2.07个孩子的话,计算下来,日本的人口将长期不增加也不减少(这称为世代更替水平)。多出0.07人,是因为从生物学上来看,男性的出生率比女性高5%,此外,未能成长到育龄的女性也被计算在内。理论上,女性一生当中平均只要养育一位到达育龄的女性,人口数将长期保持稳定(以国民为单位,不考虑移民等影响因素)。也就是说,若总和生育率长期小于2的话,将进入人口减少的局面。而实际上,自2005年日本人口就已经开始减少了。

1.26这一数值,在世界范围内处于较低水平。除去韩国(1.16)、中国台湾(1.18)、新加坡(1.24,均为2004年数据)等东亚国家和地区,在少子化的发达国家当中,这一数值是最低的。而且,对比2003年的数据(表1-2)可以看到,美国的总和生育率为2.04、法国为1.89、英国为1.71、德国为1.34,而意大利为1.29。日本目前大可自称史上最低出生率的国家。

表1-2 发达国家的总和生育率

国　　家	1970年	1990年	2003年
丹　麦	1.95	1.67	1.76
芬　兰	1.82	1.78	1.76
冰　岛	2.81	2.30	1.99
爱尔兰	3.93	2.11	1.98
挪　威	2.50	1.93	1.80
瑞　典	1.92	2.13	1.71
英　国	2.43	1.83	1.71
希　腊	2.39	1.39	1.27
意大利	2.42	1.33	1.29
葡萄牙	2.83	1.57	1.44
西班牙	2.90	1.36	1.29
奥地利	2.29	1.45	1.39
比利时	2.25	1.62	1.61
法　国	2.47	1.78	1.89
德　国	2.03	1.45	1.34
卢森堡	1.98	1.61	1.63
荷　兰	2.57	1.62	1.75
瑞　士	2.10	1.59	1.41
加拿大	2.26	1.83	
美　国	2.48	2.08	2.04
澳大利亚	2.86	1.91	1.75
日　本	2.13	1.54	1.29

出处：《平成十七年版少子化社会白皮书》，日本内阁府。

未婚率的上升

2005年的国势调查已明确,影响出生率的第三点是未婚率的上升,也就是一次也没有结婚的人的比重在急速上升(图1-2)。30—34岁的人当中,男性未婚者占47.1%,女性未婚者占32.0%(确定值,速报值为男性47.8%、女性32.6%);二分之一的男性和三分之一的女性无婚史。三十年前,1975年的这一数值,男性为14.3%,女性为7.7%,对比可以看出,未婚人数在显著增加。男性未婚者自1980年、女性自1990年开始,几乎以每年1%(全体的1%)的速率在增加。照这个速度继续增长的话,那么2025年男性未婚者将达到67%,女性将达

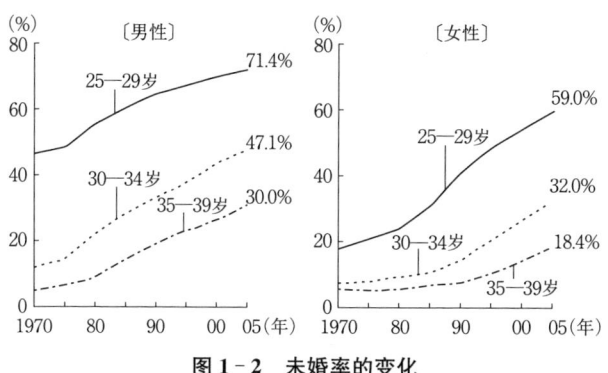

图1-2 未婚率的变化

出处:《平成十七年人口普查(第一次基本统计结果)》。

到52%（当然现实中不会再有上升空间）。

35—39岁的年龄段，男性未婚者为30.0%，女性为18.4%，这个数值与2000年相比也增加了5个百分点。

必须补充的是，这个数字超出了许多人口学家的预期。在世界其他国家，特别是在发达国家中，欧洲国家同居率高，所以未婚率较高。但相对的，情侣同居的比例更高。日本的同居率非常低，只有2%的未婚人口（18—35岁）同居（2005年）。有过同居经历的也不到未婚人口的10%。目前，东亚各国家地区的未婚率明显上升，尤其是中国台湾，30—35岁男性未婚率为41.2%，女性为26.9%（2004年，表1-3），即使在这些国家和地区当中，日本的未婚率都很突出。

表1-3 中国台湾的未婚率

	男 性		女 性	
	1970	2004	1970	2004
20—24岁	87.7	96.6	50.3	89.5
25—29岁	35.0	76.8	8.7	59.1
30—34岁	10.9	41.2	2.2	26.9
35—39岁	8.6	21.0	1.2	14.8

出处：若林敬子《近年东亚的少子高龄化现象》，《亚洲研究》第52卷第2号，2006年4月。

婚后生育率的下降

第四点是 2005 年实施的生育趋势调查(国立社会保障与人口问题研究所实施)的结果,其中有一项为"终身生育率",即"婚姻存续时间为 15—19 年的女性所生育子女数"。这项数据大体与同年的 40—45 岁已婚女性所生育的子女数相差不大,可以认为与已婚夫妇终身生育数大致相同(这个数据的缺陷在于不包含离婚、丧偶人士的实际生育数)。

正如图 1-3 所示,这项数值在直到 2002 年的三十年间都

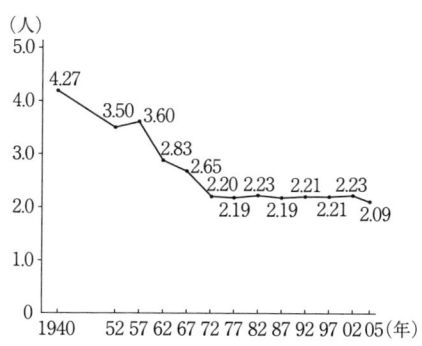

图 1-3 终身生育率的变化

注:以婚姻持续 15—19 年的初婚夫妇为对象(出生子女数不详的情况除外)。

出处:据《关于结婚和生育的全国调查(夫妇调查的结果概要)》(国立社会保障与人口问题研究所,2005 年)制作。

稳定在 2.2。之后也会说到，1990 年之前日本的出生率下降，直接原因是结婚率的下降，而婚后生育率一直保持在 2.2 左右。

2005 年的调查显示，婚后生育率开始降低，到了 2.09。正如自 20 世纪 90 年代末以来人口学家所指出的，数据表明，自 20 世纪 90 年代初，已婚夫妇的生育率已经开始下降，这意味着已婚夫妇不像从前那样愿意生孩子了。其结果是 2005 年终身生育率下降，毫无疑问，此后也会持续下降。

二、伴随着家庭与地区差异的少子化

地区与家庭的视角

上文中我们考察了日本社会整体出现少子化的现实情况。当我们从单个地区和家庭的角度来看待少子化时，就会浮现出不同的样貌。因为目前的少子化，是伴随着地区和家庭差异的。

战后，或者更宽泛地看，从明治时代开始，日本出现了两次少子化。第一次是 1950—1955 年，第二次则从 1975 年持续至今。在这两次中，总和生育率几乎都减少了一半。

将这两次少子化以地区与家庭的视角来比较，会看到非常不同的状况。第一次几乎没有地区与家庭的差异，日本全国上下几乎一致地出现了出生率的下降;而持续至今的第二次少子化的发展则伴随着地区与家庭的差异。于是二者呈现出了完全不同的结果。下文将比较两次少子化的进程,以考察当前少子化的特点。

1950—1955年的少子化——家庭的标准化

日本战后第一次婴儿潮之后,1950—1955年出生人口急遽减少。1947年2 679 000人的出生人口到1955年减少到1 731 000人,七年间约减少了100万人。总和生育率也从4.40降低到了2.37,几乎减少了一半。

当时的出生人口减少相对平均地发生在任何地区和任何家庭。换言之,全国各地出生的孩子都在减少。这个时期的少子化(准确来说是少产化),是由每家生育四个孩子转变为生育两个孩子而带来的。这意味着从地区上来看,全国的人口增速放缓;从家庭角度来看,大部分年轻人都会结婚并生育两个孩子。战前的家庭与战后相比形式更为多样,有生育五六个孩子的,没有孩子的家庭也很多。而且当时的非婚生子女的出生率(未婚母亲生育孩子的比例)也很高。换言之,战后出现了"家庭的标准化",发生了少产化(社会学者落合惠美子[1]则以社会实现几乎所有人都结婚并生育两三个子女的标准称这种现象为"人口再生产的平等主义")。

1975年以后的少子化——家庭与地区差异的扩大

但1975年持续至今的少子化一直伴随着地区与家庭差异的扩大。

首先,从地区的角度来看,不同地区的出生人口减少速度有很大的差异。比较1995年与2005年的数据可以看到,全国出生人口从1 187 000人降至1 062 000人,几乎减少了10%。但按照都道府县划分(表1-4),东京都出生人口分别为96 823人和96 542人,基本持平;而青森县出生人口分别为13 972人和10 524人,竟然减少了25%(第七章中也会说到,这些出生人口急遽减少的地区中意外怀孕结婚生子的比例出奇的高)。

表1-4 各都道府县出生人口的减少率
前十地区(减少率从高到低)

都道府县名称	1995年(人)	2005年(人)	减少数(人)	减少率(%)
青 森	13 972	10 524	3 448	24.7
秋 田	9 995	7 697	2 298	23.0
德 岛	7 472	5 913	1 559	20.9
和歌山	9 879	7 835	2 044	20.7
山 梨	8 833	7 149	1 684	19.0

(续表)

都道府县名称	1995年（人）	2005年（人）	减少数（人）	减少率（%）
岩　手	13 021	10 545	2 476	19.0
山　形	11 507	9 357	2 150	18.7
新　潟	22 694	18 505	4 189	18.5
长　崎	14 780	12 148	2 632	17.8
福　岛	21 306	17 538	3 768	17.7

后十地区（减少率从低到高）

都道府县名称	1995年（人）	2005年（人）	减少数（人）	减少率（%）
东　京	96 823	96 542	281	0.2
滋　贺	13 320	12 899	421	3.2
冲　绳	16 751	16 115	636	3.8
神奈川	80 692	76 196	4 496	5.6
香　川	9 301	8 686	615	6.6
爱　知	71 899	67 110	4 789	6.7
枥　木	18 662	17 363	1 299	7.0
千　叶	54 388	50 588	3 800	7.0
京　都	23 219	21 560	1 659	7.1
福　冈	46 849	43 421	3 428	7.3

出处：据《人口动态统计》制作。

即使是在人口开始减少的2005年，东京、神奈川、千叶、埼玉、爱知、大阪和福冈等处于大都市圈的都府县的人口自然增长数(出生人数减去死亡人数)仍为正数,而在北海道、东北、四国和九州(除去福冈、冲绳)等欠发达地区,这一数字明显为负。

这似乎与总和生育率的数据相矛盾。大都市圈的总和生育率低于平均水平,东京最低,2005年降到了1.0以下。即使如此,出生人口却没有减少,是因为年轻人从大都市圈以外的地区涌入。年轻女性来到大都市圈,增加了该地总和生育率的分母;可即使每位女性生育子女数减少,出生人口的绝对值却在增加。另一方面,年轻人离开的话,分母随之减少,那么总和生育率就会升高。即使两个地区生养孩子的难易度相同,非大都市圈地区的出生人口减少而总和生育率升高,大都市圈的出生人口增加但总和生育率降低。

换言之,大都市圈的人口自然增长同时有人口流入,欠发达地区的人口自然减少伴随着人口流出。也就是说,日本的人口减少,在人口持平的都府县与人口大量减少的道县之间存在着巨大差距。

这不仅是都道府县层面的问题。在很多都道府县中,县厅[2]所在地的人口在增加,而町村部[3](虽然在平成大合并[4]中很多地区被编入市区)人口在减少。在兵库县,神户市、宝冢市等南部地区的人口有所增加,而日本海一侧和岛屿的人口则有所减少(在市町村一级的人口增长的前10位和后10位中,兵库县均榜上有名)。城市可以维持其人口,而周边地区的青少年数量正在减少,人口减少,老龄化加剧,二者间存在着两极分化。

确实,正如日本政策投资银行的藻谷浩介所强调的,今后大都市圈的老龄化将迅速发展。但同样是老年人口,在大城市,拥有高价值不动产或高额退休金的"富裕"老年人比较多(当然也存在老年贫困人口)。为了满足其消费需求,容易聚集起以服务业为中心的劳动人口。另一方面,住在欠发达地区的大部分老年人口拥有的是难以变现的低价值不动产与低额退休金。因其个人的消费额绝对值较低,服务业也相应衰退。今后在考察地区社会指标时,不仅要考虑老年人口的数量,还必须考虑其经济实力的差距。

家庭差异的产生

接下来看家庭的差异问题。

1945年以前出生,也就是说现在60岁以上的人中,没有孩子的女性约为8%,男性约为10%。然而,2006年的人口预测显示,1985年出生的人中,预计23%的女性不婚、37%的女性不生育子女(中位数预测值,表1-5、表1-6)。对于男性来说,这一比例就更高了,约有30%的男性不婚,45%的男性不生育子女。

表1-5 女性未婚率的变化(以2006年中位数估计)

出生年 (2006年末时的年龄)	未婚率(%)					平均初婚 年龄(岁)
	25岁	30岁	35岁	40岁	50岁	
1955(51岁)	**45.6**	**13.6**	**8.1**	**6.5**	**5.8**	**24.9**
1960(46岁)	**54.9**	**20.3**	**12.5**	**10.3**	9.3	25.7
1965(36岁)	**64.5**	**26.7**	**16.5**	**13.3**	12.0	26.5
1970(36岁)	**69.5**	**34.1**	**22.0**	18.0	16.2	27.1
1975(31岁)	**74.1**	**40.2**	27.1	22.7	20.4	27.5
1980(26岁)	**76.6**	44.4	30.2	25.1	22.6	27.9
1985(21岁)	77.9	46.6	31.6	26.1	23.5	28.1
1990(16岁)	78.4	47.2	31.9	26.2	23.5	28.2
1995(11岁)	78.7	47.5	32.0	26.2	23.6	28.2
2000(6岁)	78.9	47.7	32.0	26.2	23.6	28.3
2005(1岁)	78.9	47.7	32.1	26.3	23.6	28.3

注:粗体字为据人口动态统计的初婚率计算出的实际数值。
出处:《平成十八年人口预测数据》,国立社会保障与人口问题研究所。

表1-6 女性无子率的变化(以2006年中位数估计)

出生年 (2006年末时的年龄)	出生子女分布(含未婚者)(%)			
	0人	1人	2人	3人以上
1955(51岁)	**13**	**12**	**47**	**28**
1960(46岁)	17	14	44	25
1965(41岁)	23	17	41	20

(续表)

出生年	出生子女分布(含未婚者)(%)			
(2006年末时的年龄)	0人	1人	2人	3人以上
1970(36岁)	30	19	36	15
1975(31岁)	33	18	36	14
1980(26岁)	36	18	34	12
1985(21岁)	37	18	33	12
1990(16岁)	37	18	33	11
1995(11岁)	38	18	33	11
2000(6岁)	38	18	33	11
2005(1岁)	38	18	33	11

注：粗体字同前。
出处：同前。

照这种趋势持续下去，预计到2030年，40岁的日本女性中只有六成多一点的人结婚生子，近四成的人没有子女（四位女性当中就有一位不婚）。男性的结婚率远远低于女性，所以计算下来，男性不生育的人数将会超过40%。

有配偶或子女的人口比例将减少，社会上丁克家庭和单身人士将大幅增加。此外，2006年离婚数也达到了26万起（占结婚登记总数的三分之一以上），不再婚的人数也在增加。如上所述，日本从1975年开始出现的少子化，并不仅仅是每个家庭的子女数统一减少的结果,而是由于年轻人中间出现了不结婚、不生孩子的现象。这与1950—1955年出现的出生率下降有本质区别。

从家庭的角度来看,结婚后生育两个小孩,在当前仍是多数。在这些人眼中,日本的少子化现象,除去宏观上的影响以外,与他们毫不相干。另一方面,在不结婚、不生孩子(含计划中)的人看来,少子化正是自己会遇到的问题。

考察少子化的影响和原因、对策的时候,必须要记住,当前少子化是伴随着地区与家庭差异发展的。

三、少子化何以成为社会问题

接下来我将厘清当前日本正在发展的少子化,以及由其引起的人口减少为何会被视为社会问题。1950—1955年的出生率下降毋宁说正好迎合了社会的期待。并且,现在世界范围内的人口问题正是如何控制人口。众所周知,中国在20世纪80年代采取了计划生育政策("独生子女政策"),只有欧洲以及东亚的一部分国家和地区将少子化视为社会问题,并寻求应对方法。

关于少子化的优势和劣势曾有过各种各样的讨论。我认为此种讨论过于偏重宏观数字上的讨论。少子化之所以成为社会问题,主要是因为其伴随着地区和家庭差异。在正式说明这个问题之前,先看一下一般大家所提到的优势与劣势。

是否存在宏观上的优势

有人觉得人口减少是好事,担心人口过度增长,会给环境带来恶劣影响,粮食会供应不足,甚至造成资源枯竭——那么日本人口减少,有利于防止自然破坏和对资源的过度攫取。

但是,日本的人口减少从世界规模来看仅仅是九牛一毛,对于自然环境的改善也可谓杯水车薪。确实,发达国家人均消耗的能源量较高,但节能与环保的生活方式也在盛行。若担心人口过度增长的话,不如关注非洲或中南美洲的动向;若担心资源消耗的话,应该看看印度。与这些国家地区的人口增长和人均能源消耗相比,日本及其他发达国家少子化对环境产生的影响微乎其微。

放眼一两百年的话,或许对环境有益,但在一二十年的时间跨度上,环境方面的益处几乎可以忽略不计。

外行人提出的优势大多不值一提,比如避免通勤电车车厢拥挤,也有人表示人口减少以后考大学更容易,可以选择更喜欢的工作。但是,"门槛"更低的大学相对来说也就失去了其自身的价值。2006年甚至被称为"大学全员录取时代"或"大学破产时代"（根据最新的人口预测，2070年时所有人都可以上大学，但仍然面临生源不足的窘境）。至于职业选择，甚至比考大学更为无望。就算人口减少，也不是人人都能成为医生或律师。人口减少，那么对医生的需求也会相应减少，整体上就业压力不会有变化。另外，如果人手不足延迟退休的话，年轻人的就业机会反而会减少。

对于日本社会来说，人口减少带来的宏观优势几乎是不存在的。

宏观上的不利影响

接下来看人口减少对日本社会整体造成的不利影响。

首先，如果人口构成不变，只是人口总数减少的话，不会有太大的问题。但目前的少子化，是年轻人口数量减少、老年人口比例相应增长的人口老龄化。如果年轻人持续减少，那么劳动人口也会相应减少。即使不考虑人均寿命的延长，少子化也势必引起人口老龄化。

2005年，65岁以上的老年人口比例达到21%。考虑到1990年时这一比例仅为12%，说明人口老龄化正在急速加剧。若少子化照目前的情况继续发展，老年人口比例将持续上升，预计 2025 年将达到 30.9％，2055 年将达到 38.1％（图 1－4）。而平均寿命延长，老年人口数量也会增加。2005 年老年人口为 25 761 000 人，团块世代[5]步入老年；2025 年将达到 37 113 000 人，此时增速放缓，至 2042 年达到顶峰，2055 年预计达到 38 104 000 人（图 1－5）。届时 15 岁以下的人口只有 7 522 000 人，老年人口与儿童人口的比例将达到 5∶1。

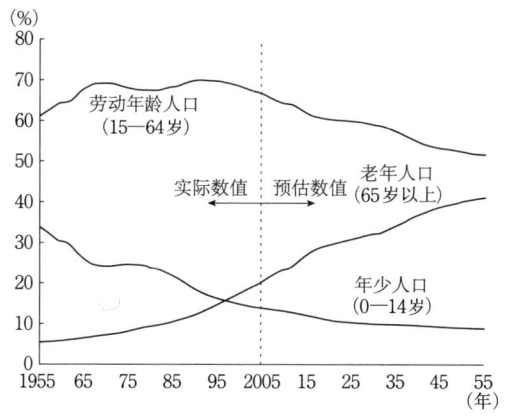

图 1－4　老年人口所占比例的变化

出处：《日本的未来预测人口》（2006 年 12 月），国立社会保障与人口问题研究所。

作为少子化的后果之一，"人口构成的变化"毋庸置疑会导致日本社会劳动力不足、退休金等社会保障负担增大、经济增

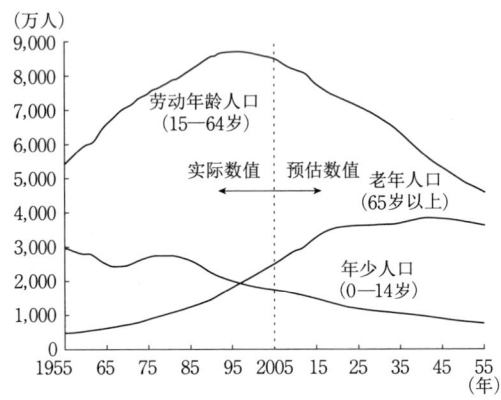

图 1-5 老年人口的变化（以中位数估计）
出处：同前。

长速度放缓等不利后果。我们依次来看一下。

与其他发达国家相比，日本老年人参加劳动的比例较高（清家笃[6]《生涯现役社会》）。但今后，75岁以上的人口将不断增加，即便在日本，75岁以上也很难就业。即使有工作意愿，也因患病率、长期护理率升高，导致退休人数增加。另一方面，因为少子化造成劳动人口持续减少，导致社会整体的劳动力不足。

其次是社会保障方面的问题。原则上，65岁以上的老年人可以领取公共养老金。在日本，该制度实质上是一种税收制度，即老年人的养老金由劳动人口缴纳的社会保险费来支付。

随着领取养老金的老人增多,劳动人口减少,人们对养老金财政赤字的担忧也随之而来。至于医疗保险,老年人的患病率很高,所以实际上,他们的医疗费用也是由劳动人口的保费来支付的。因此,人口老龄化将对医疗保险制度产生不利影响。而在长期护理险方面,财务状况也在迅速恶化。

最后,随着消费旺盛的年轻人减少,整体人口减少,需求自然也会减少。需求下降,新的投资则很难出现,以致对经济增长产生负面影响。

宏观调控的可行性

关于少子化,准确说来,是关于应对人口少子化、老龄化的不利影响,已有书籍陆续出版。其中颇具代表性的,经济学领域有松谷明彦[7]著《人口减少经济的新公式》,原田泰[8]、铃木准[9]合著《人口减少的社会不可怕》,岛田晴雄[10]、渥美由喜[11]合著《克服少子化的最终处方笺》;社会学领域则有赤川学[12]著《出生率下降坏在哪儿》等。

这些书的基本论点是,通过适当政策消除少子化的不利影响,日本社会便可安然无虞,但绝不是说低生育率不会带来负面影响,也不是说可以放任不管。

第八章将再次论述,应对少子化的政策有两种:一种旨在

"提高生育率",另一种旨在"以少子化为前提,建立可以应对低生育率的社会",这两种措施都是必要的。前述这些书强调的是后一种措施,其中包括以下内容:

通过提高女性和老年人的就业率来解决劳动力短缺的问题。日本已婚女性的就业率低于其他发达国家,因此有必要创造一个让不同年龄的女性都能轻松工作的环境。如前文所述,老年人口的就业率较其他国家高,同样,有必要为即将步入老年的人士提供方便工作的环境。如果劳动力仍有不足,还可以引进外国劳动力(对此,有赞成和反对两种观点)。

适当改变社会保险的负担比例和支付方式。在养老保险方面,除了增加劳动人口的缴纳金额、逐步减少养老金数额外,没有其他办法可以健全养老金财政。至于医疗保险,唯一的办法就是增加老年人自身的负担比例,提高保费。即使改变制度,提高征收比例,只要税金取之于民,逻辑是一样的。毋庸置疑,正如赤川学所言,我们必须讨论如何公平地分担人口少子老龄化带来的压力。

在经济增长方面,如果努力通过进一步提高经济效益和发展高附加值产业来提高人均生产率,那么即使在需求下降的情况下,也有可能保持经济增长。

如果不采取上述措施,出生率下降的弊端将不可避免地显现出来,并且,可以肯定的是,如果这些措施得到充分落实,社会就能够应对人口减少。事实上,这些措施是必要的,也是不可缺少的,因为未来肯定会出现人口减少的情况,即使采取措施使出生率的趋势发生逆转,最早也要到二十年后才见效果(考虑到新生儿成长为劳动力的时间)。

地区差异扩大与人口减少地区的经济崩溃

但是,少子化的不利影响不会停留在社会整体的层面,正如第二节所述,少子化的发展伴随着地区和家庭的差异。

在地区方面,前面提到的弊端有劳动力不足、社会保障财政负担、经济增长的问题将更为显著,集中表现为大都市圈与非大都市圈地区之间的差距,以及非大都市圈地区中经济活跃地区与不活跃地区之间差距的问题。

非大都市圈地区,以及经济不活跃地区,由于人口的自然减少和年轻劳动力流出,遭受到人口减少与人口老龄化的双重打击。

不仅是从事生产的劳动力不足,人口减少的地区因需求的减少,服务业也无法维持。因此,从事护理与医疗的劳动力也会不足。在自由主义市场经济下,劳动力会流入经济上具有优势的地区。高端技术人才和从事服务业的劳动者会进入经济活跃地区和大都市。要想留下他们,需要投入相当数额的公共资金以提供补助,但这只会使欠发达地区本就不富余的财政状况雪上加霜,陷入恶性循环。虽然现实情况是必须创造出让老年人也能以某种形式从事服务业的制度(即便如此,医生等专业技术人才仍然不足),但到底能否实现,还是未知数。

关于社会保障的财政问题,在地区层面上相互独立是难以实现的。经济活跃,年轻人和富裕老年人居多的地区,也许可以维持自己的社会保障财政。但是,人口老龄化进展迅速的地区,劳动人口缴纳税费较少,没有资产和收入微薄的老年人居多。换言之,无论是年轻人工作支持老年人,还是富裕老年人支持贫困老年人的"同龄人互助式"的税收方式,二者都无法实现的地区今后将越来越多。这样的地区中,有负担能力的青壮年、富裕老年人的"逃离"率也高,差距将会进一步扩大。

因为人们倾向于选择迁移到更有活力的地区寻找就业和商业机会,没有人会在人口减少的地区投资,所以从经济增长上来看,会出现一些被"遗弃"的地区。

放眼整个日本,无须过多考虑人口迁移的因素,所以我们可以制定措施来应对出生率下降的问题。但是,在分析当地情况时，一定要考虑到人口流动和资本转移。目前，地方自力更生等形式的权力下放是大势所趋，但考虑到人口流动，在地区层面上解决生育率低的问题并不现实。日本已经到了需要从社会整体出发，拿出特别措施来应对地区人口老龄化和经济衰退的时候。

再生产不平等社会

最后，我想继续谈谈家庭差异。第二节中已经提到，少子化伴随着家庭差异。今后，我们将生活在一个越来越多的人不结婚、不生育的社会中。

这一事实若要被社会视为不利因素，必须具备几个前提条件。我在此提出两点：

如果是出于个人意志选择不结婚、不生育，那对于当事人来说没有任何问题。即使将来出现问题，也是个人的问题。但是，就像第二章中将要提及的，大部分人是希望结婚生子的。而现实是，人们希望结婚生子，却做不到。

另外一点是他们的人口规模。确实，自古以来就有人并非出自本意地终身独身无子。但是，因为这部分人数很少，所以对社会整体来说，他们只是"特例"。

但现在的年轻人中，有四分之一不结婚，四成不生孩子，他们已经不再是"特例"了。

现代社会制度基本上是以所有人都会结婚生子为前提设计的,若终身不婚不育的人持续大幅增加,可能会倒逼社会制度进行改革。

首先,需要重新审视以家庭为单位而设计的社会保障制度和社会福利制度。这不单是因为少子化,还要考虑离婚率的上升。现在的年轻人有过离婚经历的约为30%,今后,不离婚的人(现在正处于20岁以下的年轻一代)反而会成为少数派,也就是说会低于50%。

不仅如此,在人们的个人生活和意识层面上大概也会发生很大变化。

日本传统文化中的"家庭观念""家庭制度"应该会逐渐消失(说是传统,其实是明治时期以后建构起来的观念)。长子继承家业、祭祀祖先对于多数家庭将不再可能。现在的20岁男性以后拥有长子的概率恐怕不足50%,如果大部分日本人沿用以长子为继承人的佛教祭祖仪式,五十年后,代代延续的祖坟将减少一半,很多墓地将无人祭扫。

而家庭差异之所以成为问题,是因为在当今日益个性化的社会中,家人对个人的经济和心理都越来越重要。第二章将详细讨论这一点。

1. 落合惠美子,京都大学大学院文学研究科教授。
2. 相当于中国省政府。
3. 日本的市、町、村为基础自治体的总称,为日本第二级以及最基础的地方行政单位,相当于我国市、镇一级行政级别。
4. 平成大合并始于1999年(平成十一年)。第一次高峰自2003年(平成十五年)开始到2005年(平成十七年)。执行至2010年3月底,日本市町村的数量从3 229降至1 727个,减并幅度将近五成。
5. 日本战后出生的第一代。狭义指1947年至1949年间日本战后婴儿潮出生的人群(约800万人),广义指昭和二十年代(即1946—1954年)出生的人群。
6. 清家笃,日本经济学家,庆应义塾大学客座教授。
7. 松谷明彦,日本经济学家、官员,政策研究大学院大学名誉教授。
8. 原田泰,日本经济学家,原早稻田大学政治经济学术院公共经营研究科特任教授。
9. 铃木准,日本经济学家。
10. 岛田晴雄,日本经济学家,东京都立大学理事长、庆应义塾大学名誉教授。
11. 渥美由喜,毕业于东京大学法学部。
12. 赤川学,日本社会学家,东京大学大学院人文社会系研究科教授。

第二章

关于家庭的理想与现实

一、结婚、生育的意愿降低了吗

已经没有必要了吗

如果要理解现代日本社会少子化的本质,必须要认识到一个事实——人想要拥有家人,但越来越难以实现。

结婚的人越来越少,生育的人也越来越少。也就是说,不想结婚、不想生孩子的人变多了。

一种说法是,随着男女平等的推进,经济独立的女性增多;还有一种说法是,由于便利店、熟食店方便了人们的生活,社会不再需要家庭主妇,越来越多的男人"故意"不结婚。

还有一种根深蒂固的观点是,过去人们生孩子是期望老有所养,但随着公共养老金和其他社会保障制度的建立,生育的动机已经减弱。

女性经济独立、家务外包、社会保障制度的发展,只是为不结婚、不生育的生活创造了条件,其本身并不是削弱结婚或生育意愿的罪魁祸首。

这些理论基于这样一个假设,即除非是日常生活所迫,否则人们不会结婚生子。反过来说,过去人们是"养儿防老",事实果真如此吗?

30多岁的未婚职场女性越来越多。不过,与其说工作是不婚的原因,不如说是"后果"。同样,便利店和熟食店的发展也是不婚的"后果",而非原因。1955年(昭和三十年)前后,市区就有众多的小餐馆提供早餐,以满足独居男性的需求。便利店只是取代了这些小餐馆。随着无法继承家业的工薪阶层的增加,也迫切需要建立起社会保障制度。以前人们生儿育女也并非为了防老。

结婚意愿并未减弱

最重要的是,调查显示,很多未婚人士都有结婚的愿望。不同机构都有过关于结婚意向的调查,但统计上最可靠的是国立社会保障与人口问题研究所正在进行的生育趋势调查。调查显示,截至2005年,仍有近90%的单身人士有结婚意愿(表2-1)。

表2-1 单身者的结婚意愿

男性 (%)

纵观一生的结婚意愿	1982	1987	1992	1997	2002	2005
最终还是会结婚的	95.9	91.8	90.0	85.9	87.0	87.0
终身没有结婚的打算	2.3	4.5	4.9	6.3	5.4	7.1
不详	1.8	3.7	5.1	7.8	7.7	5.9
样本数(人)	2 732	3 299	4 215	3 982	3 897	3 139

女性 (%)

纵观一生的结婚意愿	1982	1987	1992	1997	2002	2005
最终还是会结婚的	94.2	92.9	90.2	89.1	88.3	90.0
终身没有结婚的打算	4.1	4.6	5.2	4.9	5.0	5.6
不详	1.7	2.5	4.6	6.0	6.7	4.3
样本数(人)	2 110	2 605	3 647	3 612	3 494	3 064

设问:"纵观一生,您对婚姻是以下何种态度?"
1. 最终还是会结婚的   2. 终身没有结婚的打算
注:对象为18—34岁单身者。
出处:《关于结婚与生育的全国调查》,国立社会保障与人口问题研究所。

这一比例自调查开始以来,并没有明显减弱。

在其他机构、地方政府和婚姻服务行业的调查中,虽然因所覆盖年龄段不同而略有差异,但都有八九成的单身男女表示将来要结婚。

而且,重要的是,这个调查的对象是单身人士。也就是说,如果考虑到已婚人士,以及一部分单身人士可能有过婚史,这一数值还会更高。反之,不想结婚的人,即希望一直保持单身的人,目前在年轻人(18—35岁)中不到5%。

此外,人的一生中想法会发生变化。即使目前打算余生都保持单身,将来也有可能想结婚。一般来说,35岁以后结婚意愿就会减弱。这也并不是指想一直保持单身,而是虽有结婚意愿，但年龄徒长却没有机会，也就不想结婚了（其中，离婚人士不想再婚的比例很高，可能是因为已经厌倦了婚姻）。

那么，一辈子一次都没有想过要结婚的人，恐怕所剩无几。

结婚意愿和生育意愿变弱了吗

在国立社会保障与人口问题研究所的调查中可以看到，人们的结婚意愿在减弱。确实，随着时间推移，"在一定的年龄结婚"的回答逐渐被"遇到理想的对象才结婚"的回答取代，但在2005年的调查中，前者有小幅增长（图2-1）。

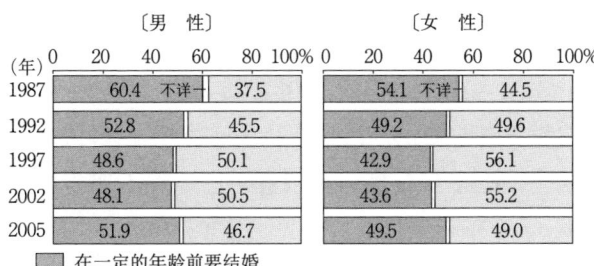

图2-1 积极的结婚意愿与消极的结婚意愿

注：对象为回答"最终还是会结婚的"的18—34岁未婚者。

这个问题的选项设置得不太合理，因为二者可以说是毫不相干。大多数人应该都希望"在一定的年龄和理想的对象结婚"。在这种情况下,有些人会把"在一定的年龄结婚"这个选项理解为"与不太理想的对象结婚"。随着年龄增长,如果人们觉得结婚的机会越来越渺茫,那么"在一定的年龄结婚"这个选项就失去了意义,也就意味着选择"理想对象"的人更多了。

婚姻是人生的重要选择,也是为数不多的难以反悔的决定。询问一个人是否要与"不太理想的对象"结婚,对于分析人们的结婚意愿并没有多大的意义。

另外,生育趋势调查中还有一个项目的选项是"想在一年内(结婚)"。如果想结婚就能结,那么大家肯定都已经结婚了。一年以内结婚,仅仅是期许而已。

生育趋势调查还统计了婚后想要生育几个孩子(图2-2)。想结婚的未婚人士中回答不想生育的,男女都各占5%左右,其中大多数人都想要两个或三个孩子。另外,已婚人士平均希望生育两个以上子女。虽然可以看出已婚人士期望的子女数量有所减少,但不想生育的已婚人士几乎没有。

二、家庭变得日益重要

长期可靠的人际关系

现在我们分析一下为什么结婚意愿没有减弱。这源于家

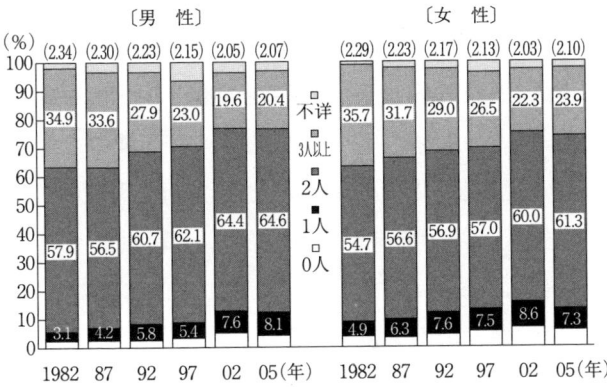

图 2-2　未婚者的希望子女数

注：对象为回答"最终还是会结婚的"的18—34岁未婚者，图中上方括号内为希望子女平均数。

出处：《关于结婚与生育的全国调查》，国立社会保障与人口问题研究所。

庭在现代社会的地位。

在现代社会，家人已经发展成为长期的、值得信赖的关系。从经济学上看，家庭是生活的基本单位，家人之间相互负责，在需要的时候相互帮助。从心理学上讲，家人具有互相认可对方为独立个体的性质，是个人身份认同的核心，也是人们生活的意义。

从经济价值和情绪价值两个角度，我将家人称为"关心"和

"需要"自己的人。

在前现代社会,社区和亲属在必要的时候会为人们提供经济上的援助,宗教为人提供了生存的价值和目的,只要从属于某个社区,或者信仰某种宗教,就有了长期、可靠的人际关系。

人们常说,现代化使个人主义更加盛行,但这并不意味着人们不再需要长期、可靠的关系。恰恰相反,现代社会中长期的、值得信赖的关系必须由每个人亲自去创造。对许多人来说,它是通过建立家庭来实现的。

人出生在家庭当中,并且在值得信赖的关系(通常是父母与子女)中成长。然而,与父母的关系并不是长久的,因此有必要通过结婚构建稳定的亲密关系(一般不认为恋爱是长期稳定的关系)、生儿育女,来确保将来有关心、需要自己的人。这是现代社会人们渴望结婚生子的基础。

现代社会的深入发展与家庭需求的日益增长

从20世纪90年代开始,随着新自由主义和全球化的发展,社会迎来了个人化的时代。这增加了人们对"家庭"的需求,因为过去在一定程度上可靠的企业和政府的可信度正在下降。由于企业对终身雇用制的调整,员工进入公司后不再拥有终身的经济保障;政府的福利改革让越来越多的人不确定政府是否能"在需要的时候提供足够的帮助";而社区和亲戚也变得越来越无法依靠。关心、需要自己的人,就只有家人了。

当然,对于一部分有工作能力的人来说,社会(或者说公司)会让他们感觉到被需要,同时有收入和资产的话,就算没有家庭也会有经济保障。另一方面,随着非正式雇用和产业结构调整的可能性增加,能够感觉到自己的工作能力对社会(公司)至关重要的人数正在稳步下降。

向家人以外的人寻求值得信赖的关系,也不是没有可能。然而,与家人不同,朋友有"当利益受损,就停止这段关系"的自由,可信度自然会降低。一些人进入各种宗教团体来寻求可信任的关系,原教旨主义宗教发展也是越来越多的人被排斥在家庭之外(也就是所谓的家庭差异)带来的一种现象。

当然,家庭本身也变得不那么可靠了。新闻报道了家人之间的谋杀事件,离婚和虐待事件也在增加。然而,这并没有改变家人被认为比其他人更值得信赖的事实。当我们看到破坏家人之间信任关系的事件发生时,越来越多的人对婚姻和生育持谨慎态度,这也不足为奇。这只代表了人们会更加谨慎地考察对方是否可以信赖、能否和孩子建立良好的关系,并不能表明人们没有结婚生子的愿望。

换句话说,现代社会越是进步,个人化越是彻底,人们对家庭的渴望就越强烈。统计数理研究所持续调查中的一项数据也侧面证明了这一点,战后以来,将家人视为最重要的人数一直在增加(图2-3)。

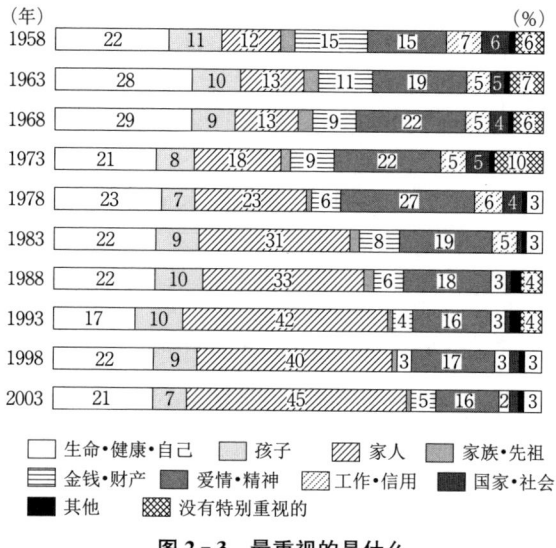

图2-3 最重视的是什么

在日本,之所以很多人将来想要结婚,但目前坚定地认为"暂时不想结婚",是因为我所说的单身寄生族——成年之后仍然与父母同居的未婚人士较多。对于年轻人来说,只要在紧急情况下帮助他们的人是和他们生活在一起的父母,而不是他们未来的配偶,那么现在的信任关系是有保障的。但这种状态不会永远持续下去,等到父母去世,届时想结婚或生孩子的话为时已晚。

正如第一章最后所述,如何采取措施应对这类人群的增加,是今后社会政策的巨大挑战。

第三章

探讨少子化原因

一、少子化相关的差距

理想与现实的差距

正如前文所述,当今日本的少子化日益加剧。这是由于结婚的人越来越少造成的,最近,每对夫妻所生的子女数也开始下降。换句话说,人口逐渐分化为不婚的人、结婚但不生育的人和结婚生子的人。

另一方面,大多数未婚的人都想结婚生子,已婚的人也想生育两个或更多的孩子。这是因为,如第二章所述,一个社会越是个人化,就越需要值得信赖的关系,而在现代社会,人们认为所有关系中最值得信赖的是由血缘和婚姻维系的家庭关系。

如今的许多人,与其说是不婚不育,不如说想生却不能生——我们必须要考察其理由。换句话说,我们需要考虑近年来人们组建家庭的愿望与现实之间的差距是如何出现的。

"理所当然"的事实

无论是结婚还是生育,都不是单有意愿就能够实现的。

在如今的日本,结婚仍然是生育的前提,而且人们认为孩子应当由父母抚养。

人并不会因为想要家人，随便和谁结婚，也不会为了要孩子，就不考虑伴侣的经济状况。要想养育孩子，必须有足够的资金和一个能一起生育和抚养孩子的伴侣。

这里，有两个条件很重要：遇到理想的结婚对象，有足够的经济实力抚养一个孩子。

而正是这个"理所当然"的事实，在关于少子化的争论中却很少被提及。

那么，为什么很少提及呢？因为每个人（作为伴侣）的吸引力和（养育孩子的）经济实力都不一样，其中存在着差距，而作为一个建立在平等基础上的现代社会，政府和社会不愿意承认差距的存在。

吸引力差距

对于想结婚的男女来说，互相认识是不够的，双方都需要感受到对方作为结婚对象的吸引力（以下简称"吸引力"）。毋庸赘言，这并不等于人格魅力或单纯的性吸引力。有些人，虽然无法将其当作结婚对象，但他们也具有人格魅力或性吸引力。然而，却不会有人想与不具备吸引力的人结婚，换言之，吸引力包含了性吸引力（尤其对男性来说）。渴望结婚的男女相遇,即使一方感受到了吸引力,若另一方不觉得对方有吸引力,那二人就不可能发展成为伴侣。

人们常说自己已错失良机,其实只是没有遇到让自己感觉有吸引力的人,毕竟,天涯何处无芳草?可即使身边再多自己觉得没有吸引力的人,或者自己的魅力没有被别人察觉,也是无法步入婚姻殿堂的。

根据性别的不同,吸引力的要素也不一样。吸引力也可以称为在寻找对象的过程中下意识地要求对方的"要素"。这个意义上的吸引力,在人与人之间是有差距的。如果不考虑这种吸引力的要素、标准和分布,特别是如果不考虑其差距的实态、变动的话,就无法分析婚姻的状况。而正如我们将在第七章讨论的,吸引力与经济状况有关。

偶尔有女性杂志请我做恋爱咨询栏目的嘉宾,其中不乏"喜欢的人结婚了/有女朋友了怎么办""被不喜欢的人告白怎么办"一类的问题。从男性的角度来看,就是不被自己喜欢的人当回事吧。

然而,许多社会学家、评论家和政府管理人员,更不用说分析婚姻的人口学家、经济学家了,基本上都忽略了吸引力差距导致的结婚困难。

如果认为只要男女相识就可以开始约会、结婚,那就是把人看成是连动物都不如。许多鸟类和哺乳动物对异性吸引力的感知是很发达的,特别是雄性之间的差距尤为明显。比如说熊猫,不管有多少异性,如果合不来则很难交配。这也是很多动物园采取人工授精的原因。

有些人经常劝人降低择偶标准,但吸引力是一种感觉,属于无意识的范畴。有很多人想结婚,但坚持"宁缺毋滥"。当然,现在也还是有一些人因为父母的安排,或者自己的算计而结婚,即使他们自己也未必认为这是一种理想的婚姻形式。

事实上,包括性吸引力在内的吸引力差距问题,不仅当事人无法解决,社会也无法解决。因此,在公共政策层面上回避也是可以理解的。然而,这并不意味着在考虑少子化原因时就可以忽略。这一点将在第七章中再次讨论。

经济差距

即使人们想要孩子,如果预期中没有足以养育子女的金钱的话,很多人也不会尝试生孩子。特别是在今天的日本,对养育孩子的要求越来越高。同时,处于育龄的年轻人的收入差距也在不断扩大。

很多评论家都有这样的观点:应生尽生,不管收入几何,只要有了孩子就会幸福。然而,人的幸福并不那么简单。

日本社会中存在一种耻感,尤其是如果不能像一般人一样生活的话,就会有很强的悲惨的感觉。战后的日本经历过一个快速发展的时期,进入了富裕社会。如果没有过上家电齐全、想买车就能买车的生活,就会让人觉得自己是一个悲惨的人。而当关系到孩子时,这种感觉就更加强烈了。

我在1995年左右曾经针对犹豫生育的女性做过访问调查,采访对象表示:"自己没钱可以,但不想让孩子跟着受罪。"即使可以满足日常生活的需求,但玩具、兴趣辅导班也所费不赀。如果孩子去了朋友家,但自己家买不起房子,无法邀请小朋友来玩的话,家长会比孩子更加痛苦。

"属于自己的房间"也开始影响孩子间的友谊。近年来,从安全的角度考虑,加上电子游戏机的迅速发展,越来越多的孩子在自己的房间里玩耍。无法招待小朋友来自己的房间玩耍,孩子可能会在不知不觉之间失去玩伴,甚至还有可能成为被霸凌的原因。这样一想,作为父母,可能也想在孩子身上花和别人一样多的钱。

就算养育孩子不是钱的问题,但从为人父母的情感上来说,肯定不希望孩子因为钱感到痛苦。想要教育孩子出人头地的心情,从结果上来说成了加速少子化的一大因素。

另外,当人们处于无法为孩子花钱的状况时,更容易放弃养育孩子,换言之,很多家庭会失去对孩子的期望。近年来不断增加的虐待儿童现象在贫困家庭中更为常见,这可能是主要原因之一。

尽管结婚生子与经济条件密切相关,但关于金钱方面,至今还没有充分的分析。可能正因这种"讨论结婚生子问题时不应与金钱挂钩"的意识,所以无法冷静分析。

大约从1994年开始,我就多次指出日本低收入男性结婚的可能性较小的事实,并在专著《婚姻社会学》中陈述过(关于实际情况的讨论见第六章)。但将这一事实公之于众时,却受到了来自各方的压力。媒体要求采取更委婉的表达方式(如把"低收入"改为"经济困难");地方政府则一刀切地试图隐去,有的地方要求删除,有的甚至不容分说就从报告中擅自删除了。其理由是,公开这点会使低收入男性更难结婚,并受到歧视。在政府的研究会中也是,很多委员都能理解,其中一位曾告诉我:"当大学老师真不错,我要是像你这样发言的话早就被开除了。"

无论如何这是无法隐瞒的,我也理解他们可能是出于维护"婚姻是爱情的结晶,不应该考虑金钱"的神话的压力,以及不想承认年轻男性的收入差距实际上在扩大。但正是因为没有承认这个事实,少子化政策落后了十年。

性行为的变化

最后,我们还需要提到一个在讨论少子化时的"禁忌",那就是性行为。准确地说,是性爱方式的改变。

除了"试管婴儿"等例外,孩子的出生都是性行为的结果。

很多讨论少子化的人,都会对性行为作出以下假设:任何育龄夫妻都应该有性生活,夫妻以外的性行为少到可以忽略不计。这种假设在战后至经济高度增长时期可能确实有一定的道理。然而,并非每个时代都是如此。

战前因为还存在一夫多妻制[1],非婚生子女所占比例很高。自明治时代以来,非婚生子女比例占总数的 5%—8%。这是因为富裕阶层的男性与正妻之外的女人交往并生养孩子。明治政府还设立了保护庶子财产继承权、不动产继承权等法律。(顺便提一下,在一夫多妻制至今仍被官方承认的一些国家中,由于失业男性较多,未婚男性的比例以及男性的平均初婚年龄也较高。这大概也是战前日本男性平均初婚年龄较高的原因。)

战后,一夫一妻制成为定规,升学比例提高,婚外情减少,非婚生子女比例下降。然而,1980 年前后,情况开始发生变化。男女关系开始自由化,婚前和婚外性行为增多(这一点将在第七章中详细讨论)。而就在"无性"一词深入人心的同时,调查数据显示,夫妻结婚之后没有性生活的现象非常普遍。如果不考虑这一点,少子化原因分析和应对措施就可能遭遇挫折。

二、战后日本社会与少子化

少子化的时代变迁

我们需要从社会发展的角度来看待生育率的下降,需要在追踪经济实力、吸引力和性行为的变化中,把握婚姻和生育的趋势。

考虑到战后日本总和生育率和平均初婚年龄的阶段变化(表3-1),可以划分为五个时期:

⓪ 1945—1950年　　从战后混乱到婴儿潮造就的生育高峰
① 1950—1955年　　生育率急剧下降
② 1955—1975年　　婚姻和生育渐趋稳定
③ 1975—1995年　　逐渐出现不婚现象
④ 1995年至今　　　不婚现象迅速增加的同时,夫妻生育的子女数量下降

表 3-1 出生动向的变化

年	平均初婚年龄（岁）		当时 25—30 岁的未婚率(%)		总和生育率
	男性	女性	男性	女性	
1950	25.9	23.0	34.5	15.2	3.65
1955	26.6	23.8	41.0	20.6	2.37
1975	27.8	25.0	48.3	20.9	1.91
1995	29.8	27.3	66.9	48.0	1.64
2005	29.8	28.0	71.4	59.0	1.26

⓪时期的父母应当是 1925 年以前出生的人。战时鼓励生育政策仍有残留，并且随着战争结束，大量年轻男性返回日本，导致 1947 年开始出现大规模生育热潮。政府不得已采取了与如今相反的计划生育政策。

①时期的父母应当生于 1925—1930 年。这个时期是由战前的高出生率、低死亡率向低出生率、低死亡率的过渡。在此期间，不仅总和生育率迅速下降，离婚率和非婚生子比例也同时下降。正如第一章所讨论的，这可以看作建立战后生育模式过程中的一个过渡时期，即在 25 岁左右结婚，平均生育两三个孩子。

②时期对应的是 1930—1950 年出生的人，为战后生育模式的稳定期，独特之处在于它包括了婴儿潮一代。这一时期的年轻人，无论男女，大多在 20 多岁结婚，30 岁前生下两三个孩

子,也是战后生育模式建立和实现的一代人。

③时期对应的是1950—1970年出生的人,是战后生育模式的波动期。这一时期,平均初婚年龄增大,晚婚倾向增强。但是,已婚夫妇生育两到三个孩子的趋势没有改变。

④时期适用于1970年后出生的人,这是战后生育模式被打破和家庭差异扩大的时期(包括2007年时37岁及以下的第二次婴儿潮一代)。这时,晚婚趋势日益明显,不婚的比例也在上升。此外,已婚夫妇的子女数量也开始减少。

经济与恋爱的转折点

1950年以后,随着战后的动荡平息,根据生育意愿来看,日本社会的转折点大约在1955年、1975年和1995年。这几年恰好也是经济状况和婚恋状况的转折点。首先,1955年,《国民生活白皮书》宣布"已脱离战后状态",经济开始迅速发展。

1971年尼克松冲击和1973年中东战争引起的石油危机,结束了日本经济的高速增长。1974年,日本战后经济首次出现负增长。1975年,其影响开始出现在婚育等家庭现象中(请注意,家庭现象和经济现象之间有一个时间差)。

20世纪90年代所谓的泡沫经济破灭,被称为"平成萧条"或"失去的十年"。不过在90年代初,虽然经济不景气,但经济体制并没有大的变化。从90年代后半期开始,信息化和全球化发展迅速,1997年的金融危机则从根本上改变了就业形式,女性的职场地位提升。而之所以使用"1998年问题"这个表述,是因为1998年自杀人数暴增,虐童率、最低生活保障率、失业率以及飞特族人数开始上升。然而,我认为其背景因素始于90年代后半,并且,1995年是标志性年份。

这些经济结构的转变大致与婚恋观的改变相吻合。直到1955年都还属于恋爱自由的发展初期,很多人都通过相亲结婚,甚至由父母包办婚姻。1955年前后,相亲结婚比例下降。不过,此时男女双方还是认为一旦开始交往就应该结婚。后来,在1975年左右,恋爱开始自由化,恋爱和婚姻不再相关。1995年前后,恋爱自由的同时,恋爱的差距开始扩大,换言之,造成了能否恋爱的两极分化。

上述情况可归纳为表3-2。

表3-2　战后日本的转折点

	经 济 状 况	恋 爱 状 况
① 1950—1955	经济的复兴期	恋爱结婚的初创期
1956"已经脱离战后"		
② 1955—1975	经济的高度增长期	恋爱结婚的普及期

(续表)

	经 济 状 况	恋 爱 状 况
1973 石油危机		
③ 1975—1995	经济的低增长期	恋爱的自由化期
1997 金融危机		
④ 1995—	经济结构的转型期	恋爱差距的扩大期

接下来的三章中将探讨经济状况与婚育的关系,恋爱与婚育的关系将在第七章中详细探讨。

1. 指一夫一妻多妾制。

第四章

生活预期与收入前景

一、生育孩子的经济条件

首先,我们整理一下结婚生子的经济因素。

表4-1总结了年轻人有意结婚生育时经济方面的影响(基于婚育对夫妻来说一般是可控的假设)。

表4-1 影响年轻人结婚与生育的因素

A:婚育生活期望值
B:二人未来的收入预期
　A>B时,抑制结婚与生育
　B>A时,促进结婚与生育

在子女与父母同居较多的社会中,与父母的同居或父母的生活水平对A有重要影响;在性别角色分工下,"年轻男性的工作状况"对B有重要影响。

通常情况下,想要结婚生子的年轻人都有"结婚和育儿要达到这样的水平或标准"的希望。这个水平或标准叫作"婚育生活期望值",我们称之为A;并且,自己与配偶未来的收入预期称为B。

如果A高于B,那么年轻人会尽量不结婚、不生育;如果B高于A,年轻人就会想要结婚生子。当然,从个体的角度来看,有的人无论收入多少都难以找到伴侣;相反,也一定有一些"乐观主义者"在收入前景不佳的情况下仍会选择结婚生子。但是,从日本年轻人整体的角度来看,可以假定,A与B的平衡很大程度上决定了生育率。(最初是由一位名叫伊斯特林[1]的人口学家提出,称为相对收入假说或伊斯特林假说。伊斯特林用人口构造循环周期的方式解释人口规模较大的一代人在经济上会处于不利地位。)

婚育生活期望值的影响

首先,"婚育生活期望值"由什么来决定?所谓"普通"的生活,是指同时代平均的生活水准或育儿开销。那"普通"的婚育生活水平是如何确定的?从常识出发,我想做以下两点假设:

一是想要避免婚后生活水准降低的心理需求。虽说能和喜欢的人生活在一起,但婚后生活水准若明显低于单身时,还是会感觉不平衡。即使只是暂时性的下降,如果最终没有恢复到比单身时更优裕的预期,那么人们也会对婚姻产生抗拒。那么"单身生活水准"就成了一个标准。换句话说,我们可以假设,单身时的低生活水准鼓励人们结婚,而高生活水准则会阻碍结婚。

二是人们希望给孩子提供"更好的条件"的心理。自己小时候参加了课外兴趣班,那么肯定不希望自己的孩子没有;自己小时候有独立的房间,那作为父母肯定不希望没钱给孩子置备独立的房间。如第三章所述,日本社会"一切为了孩子"的意识很强,人们认为,"如果不能像别人或自己的父母一样给孩子花钱的话,那么在育儿上就是失败的"。

此外,日本独有的一个因素是,人们毕业以后一般会与父母同住,这一点也有很大影响。换言之,有的单身人士独居,有的则与父母同住。与富裕父母生活的(即单身寄生族),可以预料,对婚育生活的期望值会更高。也就是说,是否与父母同居和父母的经济状况会影响人们对婚后生活水平的预期,进而影响其婚育行为。

收入预期的影响

接下来让我们来看收入预期的影响。

俗话说:"一人吃饱全家不饿。"确实,在战后的日本社会,只要身体健康,即使收入不高也可以独自生活下去。贫穷不会带来太多心理上的痛苦。

而且,即使在结婚之初或者孩子刚刚出生时收入低,如果将来收入增加,人们也可以暂时忍受——他们可以期待过上普通的生活,在孩子身上的投入和别人一样多,包括教育费用。说到底,收入预期是人们最关心的事情。当然,如果能在结婚时就拥有高收入和优裕生活就更好了。

在一成不变的前工业社会,人们只要有家业,只要家业可以继续，就有维持一定生活水平的预期。日本在20世纪50年代之前基本上是以家庭经营为主的社会，所以子女数量很多。

进入工业社会之后出现了两个现象：一个是职业选择的自由，年轻人可以不用继承父母的职业——一部分年轻人接手了父母的家业，而更多的年轻人（男性）去企业就职，成为工薪阶层；另一个是性别分工的固化，大多数女性在婚后成为家庭主妇，出现了一种基本上依靠男性收入来维持经济生活的机制——这种情况在日本近年来并没有明显的改变，至少在90年代中期之前，无论是"现实"还是"意识"，都没有发生改变。

战后日本社会，婚后的生活水准取决于男性收入，将来的生活取决于作为家庭经济支柱的男性的职业前景。

表4-2从上述角度说明了战后日本社会的婚育情况（排除了继承家业意愿较强的1950年以前的情况）。

表4-2　战后日本与影响结婚生育的因素

	婚育生活期望值（A）	未来收入预期（B）
① 1950—1955 （1925—1930年出生）	低	＜不确定？
② 1955—1975 （1930—1950年出生）	上升	≈上升

(续表)

	婚育生活期望值 （A）	未来收入预期 （B）
③ 1975—1995 （1950—1970 年出生）	上升	＞上升放缓
④ 1995— （1970 年以后出生）	止于高点	＞不安定化、两极化

1955—1975 年的经济高速增长期，婚育生活期望值水平较低，并且年轻男性的收入是稳定增长的。换言之，"婚育生活期望值＜未来收入预期"。所以多数年轻人会早早结婚，女性成为家庭主妇并生育两三个孩子。

1975 年以后，人们逐渐富裕，对婚育的期望值升高。一方面，石油危机以后经济结构转变，终身雇用制虽然还在维持，但年轻人的收入增长已经放缓。另一方面，农业等个体经营慢慢衰退，最终"婚育生活期望值＞未来收入预期"。晚婚现象逐渐兴起，出生率开始下降。

到 90 年代后半，年轻人的经济状况日益恶化。非正式雇用的男性越来越多，不仅如此，更多的人无法获得稳定的收入。也就是说，婚育生活期望值远大于未来收入预期，少子化的趋势更加严峻。

让我们仔细看一下每个时期的情况。

二、战后经济高速增长期的出生率稳定（1955—1975 年）

婴儿潮——兄弟姐妹四人的时代

战后婴儿潮是指 1947—1949 年，每年出生约 250 万人，这代人被称为"团块世代"，成为战后日本社会的主力。

这个时代育龄男女多出生于 1920—1925 年，大多务农出身。很多男性战死，女性比男性人数多（与男性相比，这是女性的终身未婚率较高的时代）。因为战时控制生育政策的反弹，出生人数呈上升趋势。不仅如此，因为战前到战中的"鼓励生育政策"仍有残留，这是最后一个认同多子多福的时代。这代人平均生育四个子女，总和生育率超过 4（也就是说团块世代平均四个兄弟姐妹）。

个体经营行业中，人就是劳动力。即使是小学生，农忙的时候也要帮家里干农活。所以，家里孩子越多越好。但是，只有长子可以继承家业，其余的孩子原则上要离开家，去外面找工作，女儿则培养成预备新娘。当时妻子也是个体经营重要的劳动力。

50年代前半，出生率急速降低

1950—1955年出生率急速下降。战后粮食紧张，这个时期不论官民都进行了"控制人口"运动。保健妇（当时的称呼）等为了普及避孕工具跑遍了全国。1949年改正了优生保护法，在堕胎条件中加入了"经济原因"，导致了人工流产数量五年间快速增长（图4-1）。50年代后半，每年都有100万以上的人堕胎，占孕妇人数的三分之一以上。当时的人工流产与现在不同，基本都是已婚女性做的。实际上就是因为经济原因，

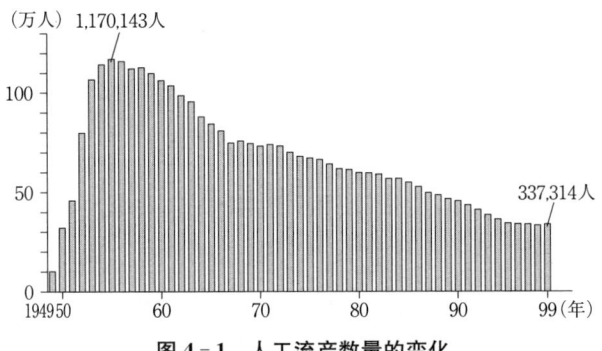

图4-1 人工流产数量的变化

注：1972年以前的数据不包含冲绳县。
出处：《卫生年报》《母体保护统计报告》，厚生省统计信息部门。

将第三个、第四个小孩流掉了。当然,这并不是因为孩子多的话就没有饭吃了,重要的是,正是在这一时期,少生优育、精心养育、丰富家庭生活的思想迅速普及,从而减少了生育。

美国占领军[2]的形象、电影以及刚开始播放的电视广播等,让美国中产阶级优裕的生活方式广为人知。60年代放送的《老爸什么都知道》[3]《露西的世界》[4]展现出这样一种生活场景:父亲开车回家,母亲穿着围裙迎接,一家人在宽敞的餐厅里用餐,在起居室的沙发上吃着手工制作的点心,其乐融融地聊天。

当时的日本工薪阶层家庭还很少,大多数家庭都在狭小的房间中围着矮脚饭桌吃饭,以现在的生活水平来看的话,肯定不那么舒适。因此,美国那样的优裕生活,是当时人们的"憧憬"。为了贴近这种向往的生活,人们减少了子女的数量。

经济高速增长期

1955年开始的经济高速增长期,家庭的形式即"丈夫工作,妻子做家务,共筑美好生活"。这不仅是当时年轻人的目标,那时很多人也都能实现这种生活。

这个时期,平均初婚年龄、总和生育率极为稳定。不仅均值稳定,而且上下浮动较小。大部分男性在27岁前后、女性在24岁前后结婚,女性在30岁之前生育两到三个孩子。这代人基本上出生于1930—1950年(昭和最初十年到团块世代)。

可以看出这个时代很好地印证了上一节所讨论的与婚育有关的经济因素,这一时期人们的婚育生活期望值较低,而夫妻双方未来收入预期很高。

婚前生活并不优裕

如前所述,单身时期的生活水平影响了婚育生活期望值。从战后到1970年前后,结婚前的生活水平并不高。这是由于父母并不富裕、兄弟姐妹多、未婚率较高三个因素的共同作用。

出生于1930—1950年的人在经济高速增长期成年,其中大部分人成长于非大都市地区,父母从事农业等个体经营。即使战后经过土地改革,生活多有改善,但生活水平还是较低。与父母一同生活,给家里搭把手做农活是理所当然的。即使是东京等都市出身的人,大多也因战争等灾难失去资产,住宅面积也很狭小。

并且,与父母一同生活,就算在外工作,收入也不能自由使用。人们一般会将家业收入与非家业收入合在一起算作家庭总收入,再从中给家庭成员发放零花钱,不论大人小孩都是一样。若不是富裕阶层,女性也得帮家里做家务和农活,此外还要照顾兄弟姐妹。

50年代出生的一代人基本都是兄弟姐妹四人,居住环境也较恶劣。在大城市,很多人成年以后也只能与父母同住一个房间。起居室与卧室分开这种西式住宅格局还未普及。换言之,与父母同住的话,经济上、空间上的隐私都无法保证。

同时,在中学毕业后因学业或就业离开父母独居的人也在增加。当时有一种就业形态为"集体就业"[5],为了到都市工作,大量中学毕业生迁移进城。在这个时代,父母身边只留下一个孩子,其他人不得不进入城市寻找就业机会。而都市中的家庭,因为居住条件差,很多人也离家独自生活。与现今相反,当时很多人会汇钱回家(与外出务工一样)。

那么独自在都市生活的年轻人生活水平必然较低——毫无隐私可言的宿舍(很多都是合住)或借宿,公寓一般也是公共卫生间,没有浴室(一直到70年代,离开父母的学生一般都住在没有浴室的公寓)。独自生活的男性较多的地区基本都有澡堂和提供早餐的食堂。当时的"独自生活"大多并不优裕。

单身生活水平较低的话,对于婚姻生活的期望也相应较低——至少,结婚不会带来经济上的不利影响。

当然,同样是经济高速增长期,1955年前后和1975年前后的状况并不相同。50年代中学毕业的年轻人大量进入城市,相对地,1970年前后高中升学率超过了90%,"集体就业"这个词也消失了。并且,战后,工薪阶层家庭中的孩子也长大成人,1955年,在一个六张榻榻米[6]大的房间中开始新婚生活,没有浴室,也没有除电饭煲和收音机外的电器,这似乎是很正常的。但到了1975年,人们拥有餐厅和厨房,以及彩色电视已经是司空见惯的事情。这个时期,随着经济的高速发展,人们对婚后生活的期望在提高,但年轻人的收入增长速度甚至超过了他们的预期。

育儿期望较低

现在,养孩子非常花钱已经成为共识,已婚夫妇不生孩子的主要原因便是孩子的教育费负担过重。准确来说,父母必须为孩子花钱。

而为孩子花多少钱(主观上)会受到时代的制约,究其原因,一是人们希望在比自己更好的成长环境中培养孩子,二是希望在孩子身上的花费和周围大多数父母一样。

在经济高速增长期成为父母的那一代人,小时候大多都没有什么钱可以花。1940年以前出生的人,童年是在昭和恐慌[7]和战争年代度过的。那是一个物资短缺的时代,只能勉强糊口。即使是战时和战后出生,一直到婴儿潮一代,被叫去帮忙做农活、家务的孩子可能比去读书的还多。战后重建时期也是,即使人们想给孩子花钱也没有能力。

从学校教育上可以更直观地体会到这一点。一直到婴儿潮一代,人们学历普遍偏低。1935—1939年出生的人中,男性的中学毕业率为36%(大学毕业率15%)。包含婴儿潮一代的1945—1949年出生的人中学毕业率为22%。四年制本科的升学率,男性为23%,女性只有6%(2000年人口普查数据)。

那么在经济高速增长期成为父母的人本身学历不高,孩子很容易得到比自己更高的学历。经济的高速增长期也是学历的增长期。特别是人数众多的婴儿潮一代毕业以后,大学的升学率急速上升。

此外,在经济高速增长期的一代父母中,只有少数人上过课外兴趣班或补习班。所以,只要把自己的孩子送到补习班里,就相当于提高了育儿水平,换句话说,已经算得上花更多的钱来培养孩子了。

年轻男性的未来收入预期稳定和上升

上文我们讨论了当时的年轻人婚育生活期望值较低。接下来让我们看一下年轻人的未来收入预期。

自1955年开始,经济高速增长,年轻人基本没有了结婚和生育的经济阻碍,因为基本上所有年轻男性的收入都在持续增长。结婚以后开始两个人生活,只要丈夫认真上班收入就会上涨。用上涨的收入购置家电,还可以让孩子接受高等教育。

男性的收入稳定,并且还有持续上涨的预期,今后家庭生活的前景一片光明,所以当时的年轻人早早结婚生子。同时,为了保证教育费和儿童房(这在当时是富裕家庭的象征)而不得不控制子女的数量。一个孩子太孤单,但是四五个小孩的话,又没有足够的收入为他们准备各自的房间,以及到高等教育的费用。所以当时家里基本都是两三个孩子。这样,即使不能每人一间,至少也有一间儿童房;就算不能全部都供到大学,但可以提供一定程度的教育。

特别是对于女性来说,越早结婚,生活越早安定下来,过上优裕的家庭生活。不结婚的话就不可能实现构筑优裕家庭生活的梦想,因为当时的就业歧视和升职歧视比现在更为严重。说不定对于女性来说,任何一个认真的男人都是有魅力的,其收入可以让她过上富裕的生活。

我曾经采访过一位1970年左右结婚的婴儿潮一代的女性。她出生于东北地方[8]的农村,高中毕业以后到了东京,住着公寓,做着一般事务性的工作,与同公司大学毕业的男性交往,21岁结婚,辞去工作成为家庭主妇,一年后长女出生。她说结婚辞去工作的时候,想到"以后就不用工作了,非常开心"。结婚伊始,住的是狭小的员工宿舍,也没有什么家电。但她还是觉得成为家庭主妇,每天只要做家务、带孩子,十分惬意。与边做农活边做家务、带孩子的母亲和结婚前边工作边做家务的自己相比,目前的状态可谓非常幸福。丈夫顺利升职,收入也稳定增长,在郊区买了独栋的房子,还将两个女儿一直供到上完大学。并不优裕的成长环境和婚前生活,以及丈夫收入稳定持续上涨,不仅于她如此,也是这一代大部分人的共同写照。(从这里我将开始分享更多在采访调查和其他研究中遇到的故事。我并不是要断言这些例子具有普遍性,而是要让读者对当时的情况有更加具体的印象。)

收入稳定上涨的三个条件

几乎所有年轻男性的未来收入都是稳定、上涨的,这种情况需要哪些前提?当然,得益于宏观经济每年实际增长10%的高速发展,但这不是唯一的原因。因为在考虑婚姻嫁娶时,"几乎所有年轻男性"这点很重要。并不是所有年轻男性都像上述例子中的丈夫那样,大学毕业后进入大企业成为工薪阶层。这样的男性甚至不是多数。当时既有代代从事农商业的家庭,也有中学毕业在中小企业工作的职员。但是,在经济高速增长期,他们的收入上涨也是可以预料的,原因有三:

首先是经济结构从农业社会向工业社会转变的过程中,出现了有利于年轻人的局面。这一点与目前的结构性变革有着本质的不同。中年人继续留在低生产率的农业和自营职业中。而新兴企业需要大量的劳动力,无论是工人、销售还是白领,年轻人(往往是农民子女)作为应届毕业生被一批批招进企业。年轻男性成为生产性较强的工业和服务部门的雇员,在职培训提高了他们的工作效率和收入。而在公司成长期,由于年龄较大、资历较深的员工相对缺乏,很多年轻人逐渐被提拔到管理岗位上。

其次是行业保护,日本曾以官方主导的所谓护送船队方式[9]保护了相关行业。企业竞争受到限制,即使是实力相对较弱的企业也能赢利。此外,许多中小企业被纳入分包商、联营公司等,无论是制造业还是物流业,都创造了一定数量的就业机会。这意味着,无论在哪家公司工作,他们都有稳定的就业和收入上涨的前景。

当然,男性劳动者之间是有差距的。在日本,加薪、升职速度和升职方向因其教育背景和公司规模不同而有所差异,还要看个人的能力和运气。但是,在战后的日本企业社会[10],"只要勤奋工作,收入就会增加"的前景是共通的。虽然随着年龄的增长,各种差距纷至沓来,但20多岁毕业进入公司的年轻人的收入差距并不大,对收入增加的期待也是相同的。这与20世纪90年代末以来的年轻人所经历的"差距"完全不同。此外,由于劳动力需求旺盛,就算雇主破产或换工作,"收入稳定和上涨的前景"也少有更改。

最后是对低生产率行业和个体经营的保护。限制农产品进口和稳定大米价格,使小规模的农户也能获得一定的收入。个体经营,如零售业,也受到各种法规的保护,包括严格对开设大型商店的限制和许可证要求。在农业合作社和行业协会的指导下,无论个体户的类型、规模和能力如何,都能保障其"稳定和上涨的收入"。此外,还为农民开辟了一条渠道,让他们通过外出务工,后来还可以通过成为修路等公共工程项目的临时工来增加收入。虽然落后于城市,但农村地区的再分配政策为人们提供了道路、供水、排污等基础设施。同样是个体户,从私人诊所医生到欠发达地区的小规模农户,收入差距比企业就业更大。然而,在经济快速增长时期,无论是代代相传还是自己创立的个体经营,"收入稳定上涨"是相同的。

通往优裕生活的道路

让我们从女性的角度来看一下当时的情况。当时,女性在就业和晋升方面都存在被歧视的现象。

实际上,除了教师和公务员,到婴儿潮一代为止的女性很少能坚持全职工作,并且也没有继承家业的可能。日本根深蒂固的传统是由男性继承——兄弟姐妹四人的时代,有儿子的概率很高。兄弟娶妻以后,不管女性帮家里做多少事,都会觉得自己无处容身。并且,至少在当时,个体生意基本都是男性经营,除了理发师等职业,女性的立足之所非常狭窄。

这样一来,对当时的女性来说,不婚的同时创造优裕生活的道路是完全封闭的。

另一方面,包含继承家业的男性在内,基本上所有的年轻男性的收入预期都是稳定且上涨的。换言之,只要是勤奋认真工作的男人,女人不论嫁给谁,即使辞去工作成为家庭主妇,都能过上比结婚前更好的生活。刚结婚的生活,以现在的眼光来看,可能并不那么优裕,但是有越过越好的前景。当然,做家务、带孩子、干农活或者帮忙打理店面等劳动会增加,还需要照顾同住的父母。不过,努力能带来更好的生活,能让孩子受到比自己更好的教育,只要有这种期待,女性就没有理由在生育的问题上犹豫。

一个希望结婚生子的时代

我经常引用社会心理学家内塞[11]的一句话:"希望来源于

感觉到努力会有回报。"经济高速增长期的年轻人结婚以后,男主外、女主内,就能过上比目前更好的生活。只要努力,孩子的条件就会更加优越。正因如此,即使结婚当时并不宽裕,也能拥有"希望"。

换言之,在经济高速增长期,结婚生子是实现希望的手段,或者说就是希望本身。只要与勤奋工作的男性结婚,就有实现美好生活的希望。所以,在职场上遇到合适的对象的话就会直接结婚;就算找不到,也会觉得不能"赶末班车"而急着相亲结婚。

其结果是建立了一个全民结婚的社会,这一时期处于结婚适龄期的一代人未婚率不到3%,令人惊叹。

---

1. 理查德·伊斯特林(Richard Easterlin),美国经济学家。
2. 日本于第二次世界大战战败并无条件投降后,由美国为首的同盟国实施军事占领的时期,自1945年9月2日日本投降后正式开始,至1952年4月28日《旧金山和约》生效后结束。
3. *Father Knows Best*,美国电视剧,最初上映于1954年。
4. *The Lucy Show*,美国电视剧,最初上映于1962年。
5. 集体就业是过去日本的一种就业形式,指地方的新型中等教育机构(初中、高中)毕业生集体就职于大城市的企业或店铺。
6. 约10平方米。
7. 1929年(昭和四年)10月发生在美国、席卷全世界的大萧条波及日本,1930—1931年日本经济陷入危机,是战前日本最严重的萧条。

8. 日本九州东北部地区,一般指青森、岩手、宫城、秋田、山形、福岛六县。
9. 在军事战术里,"护送船队方式"是指在一个船队中如果有一艘航舰因为突发问题减慢了航速,则其他的船舰也放慢速度以确保发生问题的那艘不会脱离队伍。在日本经济政策中,特别在其金融业中,"护送船队方式"喻指为了让那些因为经营问题而陷入困境的企业继续生存,日本的行政官厅通常会出面干涉,保持这一行业整体的稳定性。在第二次世界大战结束后,日本经济经历长达数十年的高速发展时期,除了金融业以外,日本的主要行政厅也通过其强力干涉对各个重要行业的发展进行行政指导。
10. 企业社会:以终身雇用、年功序列(或以年资和职位制定薪水标准)和企业福利为基础的社会模式。
11. 兰道夫·内塞(Randolph Nesse),美国医生、社会心理学家、作家。

第五章

少子化因何开始（1975—1995年）

一、低增长期与经济发展预期的变化

日本出生率的持续下降,开始于1975年前后。从经济方面来看,年轻人对婚后生活的期望值不断升高,而年轻男性的收入预期已经不再有上升空间了。于是,靠男性一个人的收入,已经不可能过上富裕的家庭生活,而少子化是日本社会针对这一情况所采取的政策带来的后果。换言之,这个时期,婚育生活期望值高于年轻人的收入预期。

接下来将具体讨论这一点。

晚婚、不婚的开始

稳定保持了约二十年的总和生育率从1975年前后开始下降。1975年为2.0,1985年为1.76,1995年下降到1.42,2005年到了1.26。平均每四年下降0.1。

据统计可以看出,1975—1995年出生率的下降是由于晚婚、不婚,也就是人们推迟结婚或结婚的人减少导致的。

战后日本社会,非婚生子极为稀少。非婚生子率,也就是未婚女性生育的子女数占新生儿总数的比例,在整个战后时期持续下降,到1975年已经不足1%(战前,因一夫多妻传统,非婚生子率为5%—8%）。之后有所上升,2005年约为2%。换言之,婚姻是生育的前提。因此,晚婚、不婚会导致出生率的下降。

这一时期结婚的夫妻平均生育的子女数量与经济高速增长期相同。正如第一章图1-3所示,结婚15—19年的夫妻生育的子女数量,1972—2002年一直极为稳定地保持在2.2左右。结婚15—19年的女性大约40—44岁,基本已经结束生育活动。她们的父母,基本上生于1930—1960年,1953—1987年结婚,1995年前后结束生育。

80年代后半结婚的夫妻生育的子女数开始减少。具体分析其构成,无子女和独生子女比例增加,三子女比例大幅减少。这一代人从80年代后半开始生育,持续到90年代后半。我一直主张,此时日本社会开始发生巨变,受此影响,人们开始控制第二、第三个孩子的生育（表5-1）。这一点将在下一章中详述。

表5-1 子女数构成的变化(%)

调查年份	0人	1人	2人	3人	4人以上	终身生育率（人）
1977	3.0	11.0	57.0	23.8	5.1	2.19
1982	3.1	9.1	55.4	27.4	5.0	2.23
1987	2.7	9.6	57.8	25.9	3.9	2.19

(续表)

调查年份	0人	1人	2人	3人	4人以上	终身生育率（人）
1992	3.1	9.3	56.4	26.5	4.8	2.21
1997	3.7	9.8	53.6	27.9	5.0	2.21
2002	3.4	8.9	53.2	30.2	4.2	2.23
2005	5.6	11.7	56.0	22.4	4.3	2.09

出处：《关于结婚与生育的全国调查》，国立社会保障与人口问题研究所。

晚婚与不婚的发展

1975年日本社会开始晚婚化、不婚化，这是导致1995年为止的少子化的直接原因。数据表明，到1975年为止，平均初婚年龄基本上维持在男性27岁、女性24岁；但到了1995年，则分别上升至28.5岁和26.3岁。二十年间，平均每年上升0.1岁。这个趋势在进入21世纪后更加显著。到2005年，平均初婚年龄已经上升至29.8岁和28.0岁。

这个数据只显示当时结婚的人（再婚人士除外）的平均年龄，仅凭此还无法了解不婚化的实态。但人口学表明，结婚年龄越晚，一生所生子女数越少。特别是女性，从35—40岁开始，受孕的概率就会下降。另外还有经济上的原因。对于男性来说,大龄生育也并非易事,因为他们必须边工作边养育孩子,直到孩子成年。

若只是晚婚,少子化形势不会严峻至此。若所有人都结婚,只是结婚年龄推迟了两三岁,没有任何问题。但1975年开始出现的晚婚,伴随着不婚。而且,如第二章所述,即使未婚人士中不想结婚的人并没有增加,但不婚的人还是增多了(顺便说一下,1982年不想结婚的单身男性占2.3%,女性占4.1%;1992年为4.9%、5.2%)。

我们看一下未婚率(未婚人士所占的比例)的曲线(图5-1)。

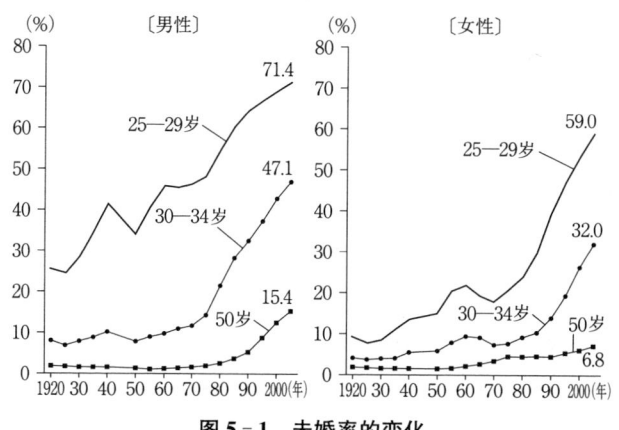

图5-1 未婚率的变化

出处:《人口普查》《人口统计资料集》,国立社会保障与人口问题研究所。

1975年以前,各个年龄层无论男女都很稳定。25—30岁的人中,男性从1975年、女性从1980年开始,未婚率开始上升。也就是说,出生于1950年以后的男性和出生于1955年以后的女性开始出现不婚倾向。时间越往后推移,不婚倾向越严重,并依次波及30—35岁、35—40岁。结果导致了终身不婚者以及完全不考虑生育的高龄婚姻增加,少子化加剧。

换言之,越来越多的人推迟结婚,结果就是终身不婚。接下来,让我们来探讨一下从1975年开始的这种晚婚趋势的原因。

推迟结婚

推迟结婚的最主要原因还是经济。对婚育生活的期待升高,而夫妻未来收入预期降低。并且,自1975年始这种趋势持续发展。其中有文化因素,如与父母同住;也有经济因素,如石油危机后年轻男性收入增长乏力,而结果就是单身寄生现象。

在富裕父母身边长大的年轻人增多

正如上一章所述,从战后到经济高速增长时期,大部分年轻人的父母并不宽裕。结婚前的生活水平较低,父母也很少在孩子身上花钱,所以,结婚就要实现阶级跃升、给孩子巨额投资的意识淡薄。

经历了战后三十年，到1975年，1950年以后出生的人在经济高速增长时期成长到结婚适龄期，晚婚和不婚正是从这代人开始的。

最大的变化是出生地区以及父母经济状况的变化。根据三浦展的计算，1947—1949年这三年间，一都三县（东京都、神奈川县、千叶县、埼玉县）、大阪圈（大阪府、京都府、奈良县、兵库县）和爱知县出生的孩子（也就是婴儿潮一代）数量为231万人，仅占全国的29%。然而1971—1974年的四年间，这些大都市圈出生的孩子（第二次婴儿潮一代）数量为398万人，占全国的49%（三浦展著《难民世代：团块世代下流化白皮书》[1]）。这是从都道府县级别观测到的数据，在兵库县等既有大都市又有人口稀少的偏远地区的县，县内的差距也很大。

团块世代以前的父母一代，很多是偏远农村出身，团块世代也多在农村地区长大。二十五年后的第二次婴儿潮一代的父母则大多生活在城市环境中。团块世代于1970—1975年结婚，而第二次婴儿潮一代则于1995年前后进入结婚适龄期。这两个时间点之间，也就是1975—1995年进入结婚年龄的一代人，处于从农村出生到城市出生逐步过渡的过渡期。

这个时期出身都市，特别是三浦展所强调的出生于大都市郊外的一代人慢慢成年。脱离了偏远地区，形成了核心家庭[2]——

父亲是工薪阶层,母亲是家庭主妇(或做兼职的主妇),从懂事起家用电器就一应俱全,家里有厨房也有客厅,大多数人从小就有自己的房间。这一代人,上大学或专科学校时就住在家里,毕业工作之后也越来越多地与父母继续生活在一起。

农村地区的情况也在发生变化。1972年田中角荣出任首相,他将"舒适的城市生活"推广到全国各地,形成了即使是农民(或者说正因为是农民)也要有独立住房和汽车的风气。父母不再让孩子们帮助干农活,而鼓励他们在自己的房间里学习。留在家里就会被迫帮着干农活,所以想尽快离家,这种情况已经成为历史。同时,将工厂引导到农村,推进公共工程建设以增加就业岗位,让年轻人不必离开家去城市工作。兄弟姐妹平均只有两人,年轻人在家里感觉舒服多了。

婚育生活期望值的上升

这样一来,年轻人对婚育生活的期望自然会水涨船高。

首先是因为年轻人结婚前的生活水平提高了。生活水平由多种因素构成:生活环境、住宅的面积与质量、家电产品的多寡等。另外,可供闲暇和爱好自由支配的钱,也是其中一个因素。更多的空闲时间也增加了生活的丰富性。20世纪70年代以来与父母同住的未婚人士,在这三方面的生活水平往往更高。可以肯定的是,父母买的房子或公寓会更大,会有自己的房间和所有的新电器。如果父亲的收入能够满足基本的生活开支,年轻人就会有更多的钱可以支配;而如果家务都由母亲承担,他们就有更多的空闲时间。

美国或西北欧各国,孩子成人一般会离开父母独立生活。父母也不会让孩子的生活过于奢侈。从小就要帮忙做家务,原则上大学学费也是自己负担的。如果毕业后和父母一起生活,就应该支付一半的生活费。欧美年轻人的生活从零开始,所以对婚姻并不向往。

在日本独自生活也是如此。但有些未婚者,即使不是学生,也会收到父母的钱——这也是单身寄生的一种(北村安树子[3]称其为"卫星单身")。婚前生活水平较高,提高了对婚后生活水平的预期。我在约十五年前(1990年前后)认识的一位公务员(高中毕业,男性,非事业单位),他的婚姻正说明了这一点。据说他的未婚妻一看到新家就哭了——他准备的新居是公务员宿舍。在那个豪华宿舍被谴责的时代,对于一个30岁的普通公务员来说,可供选择的宿舍并不宽敞,建成也有不少年了。在70年代,在公务员的宿舍里结婚、开始新婚生活是让人羡慕的事,因为租金便宜。1990年前后正是泡沫经济的高峰期,流行电视剧里都会展现时髦的都市生活。女孩是城市出身的单身寄生者,婚前和父母一起舒适地住在郊区的独栋房子里,大客厅里放着沙发,有花园,有狗,有空调。而公务员宿舍放不了沙发,没法养狗,设施简陋。原本梦想中的奢华婚姻生活变得如此惨淡,女孩不禁哭了出来。这个案例虽然令人悲伤,但至少二人开始了新生活。我还听说过一个事业单位的公务员,说婚后要住单位宿舍,结果被解除了婚约。不过这不是我调查的案例,真伪无从证实。

另外在2000年,我在做年轻人调查的时候,某位30多岁的未婚女性(高中毕业,与父母同居,非正式员工)称,她对婚姻的期望有一条,要每年带她去海外旅行。她从学校毕业后(经济泡沫期)养成了每年去海外旅行三次以上的习惯,结婚以后也不能放弃。据她说,每年一次已经是"让步"了。

单身时期的生活水平因与父母同居而提升,是抑制结婚率的一个原因。

育儿期望水平上升

就像上文讨论的案例一样,很多人可能会认为,"除非过上比婚前更好的生活,否则不想结婚"的想法是一种奢望。然而,说到孩子,我们很难会说这是奢望。

正如第三章所述,日本社会"一切为了孩子"的意识很强。

很多人认为,如果不能给孩子提供一个比自己更好的成长环境,就不会生孩子,或者从根本上不愿意结婚。他们想在孩子身上花比自己小时候更多的钱。那么就会出现下面这种情况:

20世纪90年代末,我曾采访过一位从事非正式工作的未婚女性(20多岁,与父母同居,毕业于音乐大学,大型钢琴补习班的课时讲师[4])结婚的条件。她说婚后自己的生活不富裕没有关系,但想要花钱培养孩子。她从小就学习钢琴,最后上了音乐大学(如今并不是每个音乐大学毕业的人都能成为演奏家,大多数人都在钢琴补习班以时薪1 200日元左右的收入教钢琴)。据说父母给她在音乐上的支出不少于2 000万日元。她希望孩子花比自己更多的钱去学钢琴,因此必须找到收入能够负担这部分费用的丈夫,否则就不结婚。

自经济的高速增长期开始,很多家长愿意为孩子的成长花钱了。特别是城市工薪阶层、家庭主妇,为了学历和教养把孩子送进补习班、课外兴趣班,成为一种普遍现象。在日本,"为了孩子",或者说"不想让孩子受苦",家长倾向于给孩子提供最好的物质环境和教育。因此,家长承担教育成本成为普遍现象,高等教育热度也随之上升。只要家长愿意出钱,私立大学就会吸引更多的学生。

因此,这一时期大学学费非常高,尽管在此期间国立大学的学费已经上涨了十几倍。婴儿潮时期以前,大学入学率仍然很低。直到1950年至1970年出生的一代进入大学,学费才有所提高。这也是人口比较少的一代。自这一时期开始,人们认为家长为孩子承担包括补习班在内的教育费用是天经地义的事情。

我们来看一下图5-2,这是我曾参与的一项关于母性意识的调查结果。调查显示,无关性别,家长对孩子的态度都是需要给孩子花钱的。

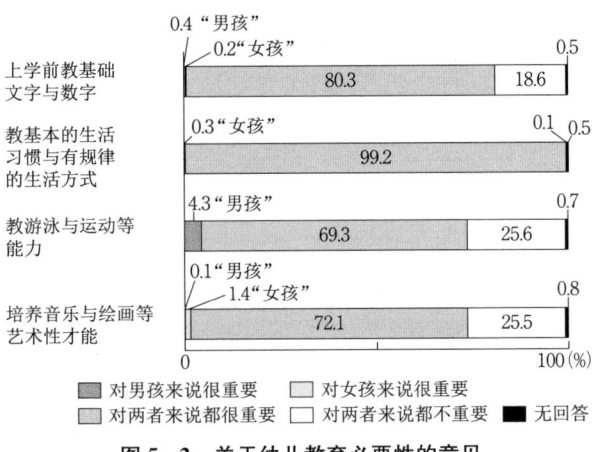

图5-2 关于幼儿教育必要性的意见

出处:目黑依子、矢泽澄子编《少子化时代的性别与母亲意志》,2000年。

成长环境优越的人,自然期望在孩子身上投入更多。换句话说,在他们身上花多少钱,就决定了他们在自己孩子身上花多少钱。1975年前后开始迎来适婚年龄的年轻人(1950年以后出生),无论是教育费、兴趣班,还是日常生活条件,被父母花费巨资养育长大的人越来越多。连带着,他们的育儿期望也会提高。

石油危机的负面影响

如前文所述,1975年以后,也就是随着团块二代[5]迎来结婚适龄期,他们的婚育生活期望值也在上升。此时,未来收入预期若随之上升的话,就不会出现少子化。

1971年尼克松冲击、1973年的石油危机依次爆发。以日元汇价低、石油价格低支撑的日本经济由此迎来巨大转折。1974年日本经历了战后最初的经济负增长,之后进入每年3%左右的低增长时代。80年代末的泡沫经济时,也是只有5%左右的增长率(由于泡沫经济是以消费为导向的,很可能导致人们婚育生活期望值的上升,甚至比收入上升更甚。)

向低增长经济的转型,不仅是越南战争引起的美国经济疲软或第四次中东战争的爆发等偶然外部因素导致的结果,也是日本社会、经济结构变化导致的结果,可以看作是从农业社会向工业、服务业社会转型的结束。因此,经济高度增长期的结婚条件——年轻人的收入增加——不复存在。

这意味着自1975年开始结婚年龄推迟,总和生育率开始下降。结婚率和生育率的变化常晚于经济和社会状况的变化一两年后出现。不难看出,1973年的石油冲击和1974年的经济负增长抑制了婚育,其影响自1975年开始显现。

经济的低增长一举逆转了高速增长期时的结婚条件——年轻男性的收入增加。

一是产业结构从农业向工业、服务业转型,企业中年长者(男性)增加。因为年功序列[6]制度,公司内拿高薪的年长者增加,年轻人不再拥有优势。并且因为经济的低增长,年功序列制度所保障的薪资增长幅度也越来越小(图5-3)。

这意味着年轻男性的收入与其父辈相比较低,将来收入增长也会放缓。

二是放松管制。农产品进口开始放开,大米过剩导致减米政策[7]开始实施。此外,超市和其他大型零售商规模扩大。当然,这并不意味着上下游公司、分包商和行业协会已经消失,但日本经济已无力保障中小企业、农民和个体经营者的收入。当然,一些中小型企业也会通过独家技术或流程合理化来增加利润。但另一方面,很多继续按照过去的方式经营的中小企业和

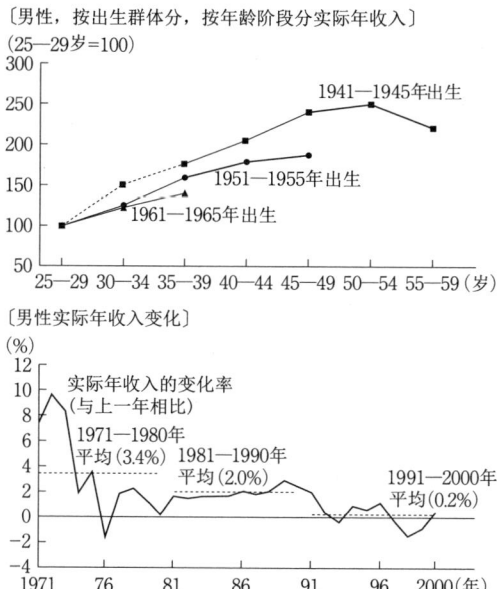

图 5-3　年功序列制下的薪资增长变化

注：上方为各出生年代中，以 25—29 岁时的年收入为 100 时，各年龄阶段的实质年收入。上下图中的实际年收入的计算方法为：将上一年的年奖金与按行业、企业规模和教育程度规定支付给一般男性正式员工的现金薪资数额的 12 倍相加后，用居民消费价格总指数(2000 年基准)折价计算。

出处：《平成十三年版国民生活白皮书》，内阁府。

个体工商户,慢慢不再能指望增加收益。那么,在那里工作的年轻人的收入就不会有太大的增长。具体来说,他们是小企业员工、小规模农户和个体户男性。现实中,结婚难的现象就是从这群人开始的。

出现无法结婚的年轻人

在富裕的父母身边长大,婚育生活期望值会提高,但经济向低增长的转变将使年轻人的收入无法大幅增长。因此,他们开始晚婚、不婚。从1975年开始的生育率下降,背后的逻辑实际非常清晰。数据显示,从开始恋爱到结婚的时间从这一时期开始增加。可以理解为,即使确定了结婚对象,一方或双方也选择与父母共同生活,直到他们攒够开始新生活所需的资金。

但是,不仅仅是从相识到结婚的时间延长了。年轻男性的收入开始出现差距,一部分人面临结婚难。拥有大学学历、在大企业工作的年轻男性,即使年功序列保障下的收入增长放缓,也是终身雇用,并且有稳定良好的收入预期。但是,如前所述,经营业绩不佳的小企业职工、小规模农户以及个体经营者,收入则不太可能增长。因此,他们被选为结婚对象的可能性较小,有的人推迟结婚,有的人一直没有结婚。(我父亲经营一家印刷企业,我记得小时候有个熟人,一个小企业的社长来拜访,说:"我们公司有个认真的小伙子,但怎么都找不到结婚对象,有认识合适的姑娘可以介绍一下。"这是1975年前后的事。)

受教育程度较低的男子,因此更有可能找到不太好的工作;在很多情况下,自雇的家族企业男性继承人可能认为学历没有必要,很多选择不上大学。而女性认为,如果要结婚,如果要成为家庭主妇,将来的收入前景高一点更好。因此,1975年以后,按教育背景划分的未婚率差距扩大了。

让我们看看2000年人口普查的数据(表5-2)。排除25岁以下的年轻男性来看,男性的学历越高,结婚率越高。即便如此,1940—1944年战争期间出生的人,大学毕业与初中毕业的未婚率差距也只有6个百分点左右。但对于1975年前后结婚的人(包括婴儿潮一代)来说,差距扩大到9个百分点;对于1950—1954年出生的人来说,16个百分点;对于1955—1959年出生的人来说,这个数字超过了20个百分点。这段时间经历了整体教育水平的提高,以1955—1959年出生的人来说,初中毕业的人数约占总人口的9%,不到一成。低学历的人口虽然下降了,但是其中未婚的比例却上升了。(30多岁的时候差距缩小了。现在还无法断定究竟是因为大学生刚毕业,稍晚才会结婚,还是因为学历贬值,即使是受过大学教育的男性收入也不稳定,所以未来也不结婚的大学毕业生比例增加了。)

表5-2 不同学历男性的未婚率(%)

出生年(结婚年)	2000年当时	初中毕业	高中毕业	大学毕业
1940—1944年出生 (1970年前后)	55—59岁	9.2	4.9	3.1
1945—1949年出生 (1975年前后)	50—54岁	16.5	9.3	7.8
1950—1954年出生 (1980年前后)	45—49岁	25.3	14.4	9.3
1955—1959年出生 (1985年前后)	40—44岁	33.9	20.0	13.4
1960—1964年出生 (1990年前后)	35—39岁	38.2	26.8	22.2

出处:据《人口普查》(2000年)制作。

在这里我想说明一下数据的问题。日本的人口普查每十年调查一次教育程度。因此,我们可以非常准确地获得各年龄段的人接受高等教育的比例,以及按教育程度划分的未婚者的比例。下一次人口普查定于2010年进行,对于是否将教育程度纳入人口普查,目前还存在一些争议。如果不包括在内,那么2000年的数据可能是关于日本学历构成的最新数据。而尽管不同学历的人未婚率相差如此之大,但公共机关和各大媒体都没有披露这一事实。不可否认的是,这一点有效地让公众产生了错误的认知。

即使按年收入计算,收入较低的男性结婚的可能性明显也较低(表5-3)。虽然是1995年的数据,但超过了35岁的话,根据收入的差异,男性未婚率的差异变得更加明显。无论进行什么样的调查,这一差异几乎都可以用年收入来解释。正如我多次说过,这个事实大约从1990年就已经清楚了,但一直不为公众所知。这些数据也是某个研究小组分发的。

表5-3　不同年收入人群的未婚率(%)

年 收 入	全体	20—24岁	25—29岁	30—34岁	35—39岁	40—44岁	45—49岁
〔男性〕							
无	88.2	98.1	95.0	58.3	33.3	52.9	33.3
不满100万日元	83.9	97.1	88.1	61.1	43.8	44.4	21.1
100万—200万日元	68.0	90.9	78.9	51.2	30.0	34.3	28.2
200万—300万日元	61.2	90.6	76.5	54.0	36.0	26.0	13.7
300万—400万日元	45.0	84.4	68.2	33.2	24.7	17.6	11.8
400万—500万日元	30.5	80.0	68.2	33.0	15.2	13.2	6.6
500万—600万日元	17.3	83.3	40.0	30.7	13.1	8.3	5.3
600万—700万日元	12.4	—	42.9	26.9	12.4	9.0	6.4
700万—1 000万日元	4.9	100.0	23.1	12.5	6.6	4.1	2.2
1 000万—1 500万日元	4.0	100.0	60.0	16.7	2.8	1.4	1.6
1 500万日元以上	1.4	—	100.0	—	—	—	—

(续表)

年 收 入	全体	20—24岁	25—29岁	30—34岁	35—39岁	40—44岁	45—49岁
〔女性〕							
无	8.0	59.0	6.6	3.6	1.7	1.3	2.0
不满100万日元	17.7	83.5	25.3	7.4	2.5	3.6	2.2
100万—200万日元	44.9	94.4	59.5	25.5	15.8	8.2	3.3
200万—300万日元	54.8	93.5	73.4	44.1	23.3	6.1	8.8
300万—400万日元	49.7	96.1	75.5	39.3	21.1	16.3	10.0
400万—500万日元	35.2	87.6	68.0	37.5	32.6	9.1	9.6
500万—600万日元	22.2	—	53.8	38.5	21.4	7.3	16.1
600万—700万日元	10.1	—	50.0	50.0	15.0	2.6	8.0
700万—1 000万日元	14.1	—	100.0	33.3	25.0	4.8	7.1
1 000万—1 500万日元	19.0	—	—	—	—	—	28.6
1 500万日元以上	16.7	—	—	—	—	—	33.3

出处：《第二次关于人口问题的意识调查》，人口问题研究所（当时），1995年。

明治大学社会学助理教授、社会学家加藤明彦利用宏观经济数据分析表明，在工业化后的日本，男性收入增长率与结婚率的相关性极高，年轻男性收入相对较低是导致未婚和出生率下降的原因。

二、单身寄生族的诞生

性别分工意识的延续

传统的性别分工中,结婚和育儿的费用,包括教育费,原则上都由丈夫负担。1975年以后,女性慢慢从家庭走入社会,已婚女性的劳动参与率上升,家庭主妇减少。但是,已婚女性多从事兼职工作,城市女性多是在超市、零售店或者家庭餐馆等从事销售服务工作,农村女性则是在工厂从事装配和检验工作,作为家庭收入的补充,或者是为家庭预算留出余地。

这意味着家庭主妇即使重新参加工作,年收入也不会超过100万日元,这点在政府税收和社会保障方面的家庭主妇兼职优惠政策(年收入低于一定水平则视为被抚养人)上有所反映。

虽然调查显示,1975年以后对"男主外、女主内"持反对意见的人确实慢慢增加,但是丈夫养家的意识仍然根深蒂固。这既是一个认知问题,也是男女不平等的现实反映——一般已婚女性的收入不足以养家糊口。

归根结底,面对妻子收入贡献小,上限为100万日元的现实,婚后生活水平和能用于育儿的财力,只能取决于丈夫的收入。

因此,收入低的男性很难找到结婚对象,这不能只归因于女性的择偶意识,还由于女性也要负担家庭经济责任这一基于两性平等理念的社会制度尚未形成。

不婚人士中的性别差距

传统的性别分工意识根深蒂固,丈夫养家的现实下,未婚人士有明显的性别差异。

正如前文所述,男性若不具备收入增长的潜力,他被选择为婚姻伴侣的可能性会降低,这一类人多处于低学历和低收入阶层。

另一方面,对于女性,则在于能否找到收入高于自己期望的男性,找到以后,还要被对方喜欢。这基本上靠运气和吸引力。在1955年至1959年出生、截至2000年尚未结婚的人群中,按教育程度来看,初中毕业的女性有12%,高中毕业有7%,短期大学[8]毕业的有9%,大学毕业的有11%。大学毕业生和初中毕业生或许因为学历过高、过低而被刻意避开,但与男性相比,这点差距几乎可以忽略不计。

换言之,在男性不期望女性养家的情况下,女性的学历、收入、职业等因素与能否结婚不相关。高收入女性结婚的可能性并不低,这一点可以从表5-3类比得出。30多岁的女性,年收入在300万—500万日元的未婚率较高,而年收入超过500万的话,未婚率降低。不如说,女性的未婚率很大程度上受与经济无关的因素影响,例如人际关系范围和吸引力等。

但是,女性对结婚对象的收入预期拥有很大的影响力。以下是某次研究会分发的数据,该数据计算了与父母同居的女性的结婚率(图5-5)。

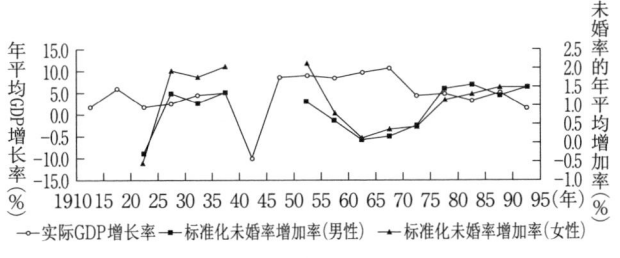

图5-4 未婚化与经济增长

注:标准化未婚率是根据1920年以来的人口普查结果,以1995年日本15岁及以上按性别和年龄(5岁年龄组)划分的人口为标准人口,计算出的15岁及以上人口中未婚者的比例。1930年的实际GDP指数设定为100。按1990年的领土边界调整后。

出处:《家族社会学研究》第13卷第1号,2001年。

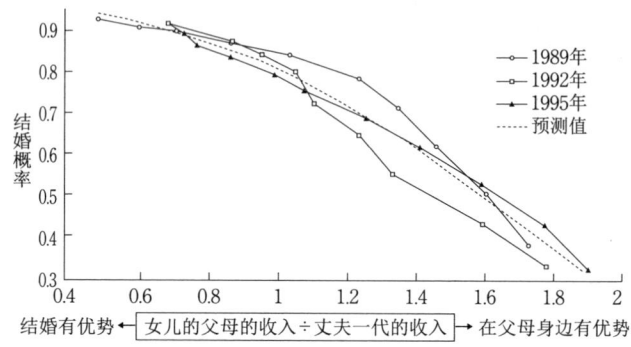

图5-5 共同生活的父母收入与丈夫一代收入之比及结婚率

出处：山田昌弘《希望格差社会》，2004年。

数据显示，女性结婚的难易程度，与其父亲的收入有关。当父亲收入是年轻人收入的两倍时，女性的结婚率就会降到40％以下；而当父亲收入是年轻人收入的一半时，女性结婚的概率就会超过90％。可以认为，在高收入父亲身边长大的年轻女性，对于结婚对象的收入期望较高，从而增加了她们找到结婚对象的难度。

关于人们寻找结婚对象考虑的因素已经进行过很多研究。比如，我多次引用的国立社会保障与人口问题研究所持续进行的单身调查，虽然好在可以进行一段时间内的比较，但它只能

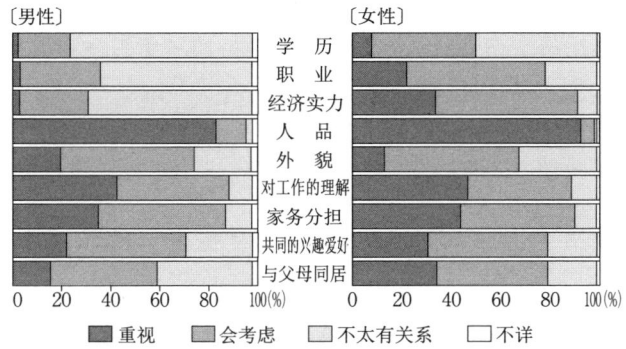

图 5-6　重视、考虑结婚伴侣的什么方面

设问:"你在决定结婚伴侣时,对以下因素重视到什么程度?"
1. 重视　2. 会考虑　3. 不太有关系

"与父母同居",若是男方是指"与自己的父母同居",若是女方是指"与对方的父母同居"。

注:各调查对象均为从 18 岁至 34 岁的回答"最终还是会结婚的"的未婚者。调查对象总人数为,男性 3 420 人,女性 3 218 人。

出处:《第 11 次出生动向基本调查》,人口问题研究所(当时),1999 年。

选择是否重视某个项目——选择重视学历或收入时,不知道是重视高学历还是重视低学历(从常识上解释,女性重视对方的学历,是因为对方的学历和收入越高越好,而男性则是因为对方的学历和收入高于自己会感到自卑)。

这个调查还显示,男女双方重视的因素有明显差异。人品排在第一位并不奇怪,因为不可能有人愿意接受一个人品不好的人,调查问卷中设置这个选项是没有意义的。女性看中的是男性的经济实力,也就是收入是否稳定;而对于男性,女性容貌的排位靠前。这种趋势并没有明显改变。

单身寄生族的诞生

想结婚也找不到对象,于是在日本诞生了"单身寄生族"。我对这个词的定义是"毕业以后依然依靠父母生活的富裕单身人士"(1997年初次发表),但这个词越来越多地被用来指代与父母同住的未婚人士。并不是所有与父母同住的未婚人士都生活富裕,但如果收入相同,与父母一起生活,可支配收入就会更高。反对"与父母同住的单身人士生活富裕论"的一个常见论点是,独居的未婚人士年收入更高,这是理所当然的,因为在日本,只有收入高,才有可能一个人生活。单身寄生族理论的核心是,即使是年收入较低的人,也可以比独居的年收入高的人生活更富裕。

事实上,整个80年代,与父母同住的未婚者数量和比例都在增加。根据日本国家统计与培训研究所[9]的西文彦氏和菅麻里氏的统计,20—34岁年龄组中,与父母同住的未婚人数从1980年的817万、占比29.5%,增加到1990年的1 040万、占比41.7%,此后涨幅不再增加(表5-4)。

表5-4 与父母同居的未婚者数量的变化

	1980	1985	1990	1995	2000	2005
20—34岁人口(万人)	2 765	2 507	2 492	2 689	2 732	2 584
其中与父母同居的未婚者(万人)	817	879	1 040	1 147	1 201	1 170
与父母同居的未婚者的比例(%)	29.5	35.1	41.7	42.7	44.0	45.3

出处:《统计》2007年2月,日本统计协会。

80年代后半开始进入泡沫经济,与70年代相同,正式员工的比例仍然很高,年轻人收入也较稳定。即使如此,平均初婚年龄上升,未婚率也在上升,这是由于单身寄生族增加——对婚后生活的期望上升显著,并且高于年轻人的收入预期。

同时,单身寄生族的生活水平急速上升,流行电视剧中描绘着富裕又时髦的生活,年轻人中,名牌等消费开始繁荣,国际旅行也成为常态,产生了"花钱"来实现自我的风潮。

就算在泡沫经济时期,即使找到好工作,可以自给自足,也不可能过上富裕的生活。当时,年功序列制还没有崩溃,年轻人的收入并没有显著增加。然而,年轻人毕业后找到正式工作,与父母共同生活,将收入的大部分用于消费和休闲,导致了消费的繁荣。

但婚后,开始独立生活的话,可支配收入就会减少,此外还得自己做家务(图5-7)。据我参加的一项针对年轻人的调查显示,即使是同龄人,未婚和已婚人士的零用钱数额也相差甚大,这就是年轻人不想结婚的原因。

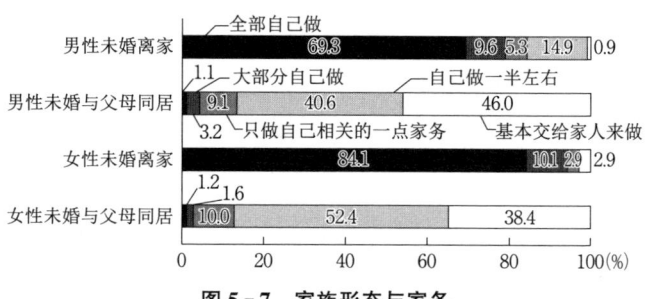

图5-7 家族形态与家务

注:对象为20—39岁的横滨市居民。
出处:山田昌弘《单身寄生时代》。

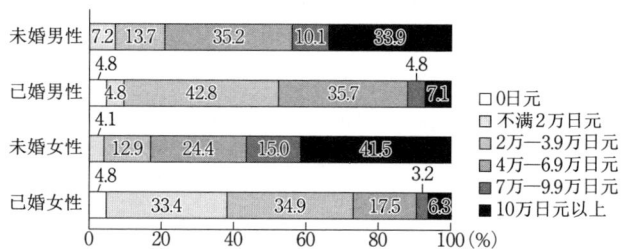

图5-8 工作以后的零用钱数额(1998年)

注:对象为最大29岁的、有工作的首都圈居民。
出处:日经产业消费研究所,1998年。

单身寄生的恶性循环

日本社会中,延迟结婚会延长与父母同住的时间,包括消费和休闲在内的生活水平也得到提高,而这是无法靠自己的收入达到的。同时,人们的婚育生活期望值也在提高。所以,年轻人会继续留在父母身边,而未婚率随之上升。于是,未婚率上升和对婚姻生活的期望水平的提高构成了一个恶性循环,我称之为"单身寄生的恶性循环"。

20世纪80年代扩大的单身寄生族,并不是因为不想结婚而保持单身,其本人无论是有意还是无意,都认为将来是会结婚的。

与父母同住的未婚者,男性多处于低收入阶层,而女性父母则多在高收入阶层。未婚男性认为如果将来收入增加,或者有女性接受自己现在的收入水平,就结婚;而未婚女性多与父母同住,期望遇到高收入男性。从这时起,"没有遇到合适的人"作为不婚的理由便增加了。

然而,日本经济已经无法挽回全体男性收入稳定增长的局面。有些女性可能幸运地与收入稳定的理想男性结婚,有些女性则会降低标准。但是,越来越多的人只是徒增年纪,却"结构性地"无法遇到合适的人结婚。

三、欧美的应对方式

欧美应对经济低增长的方式

经济的低增长,并不是日本独有的现象。因为石油危机的影响,欧美发达国家在20世纪70年代经历了比日本更严重的经济衰退。和日本一样,他们也面临着年轻男性收入相对下降的问题。在许多欧洲国家,年轻人的失业率甚至高于日本,美国的低工资雇用也在增加。因此,出现了"年轻男性的收入不足以支撑婚姻"这种与日本相同的状况。

虽然欧美大部分国家在70年代都出现了少子化倾向,但到了80年代,美国和北欧的出生率开始回升,法国、英国等国家的出生率也停止下降。但另一方面,原德意志联邦共和国、意大利和西班牙等国家的出生率则不曾停止下降。

产生这种差异的原因在于,是否为寄生社会这一文化条件,以及是否转型成为两性平等社会这一社会条件。

文化上的非寄生社会

在欧美社会,例如在美国、英国,以及北欧、法国等国家和地区的文化当中,孩子一旦成年,理所当然离开父母独自生活。无论在怎样富裕的家庭长大,一旦开始独自生活,对于婚后生活水平的期待就不会太高。虽然日本的年轻人只要和父母共同生活就能买得起高级车和名牌产品,但欧美不允许这样的奢侈,结婚的门槛因此降低了。

另外,欧美的年轻人有合租的习惯,常有两三个人合租一间公寓,分摊房租、节省水电费。即便同居,还是和喜欢的异性住在一起比较好。因此,美国流行结婚;在北欧和法国,人们即使不结婚,以同居的形式生活在一起也很普遍。

当然,年轻时的男女关系是不稳定的,因此在美国离婚,以及在北欧、法国解除同居关系的现象很常见,但再婚和再同居同样常见。随着时间推移,人际关系趋于稳定,很多人会生儿育女。

在这样的文化背景下,孩子成年后独立是很自然的事情,养育孩子没有必要花过多的钱。在美国,高中生找兼职是很常见的,如果想上大学,就得靠兼职攒钱,拿奖学金或助学贷款,如果钱还是不够,再向父母借。英国、北欧等几乎不收学费。这意味着,家长不用担心孩子的教育费用问题。

换句话说,"非寄生"的文化条件使人们对婚育的期望不那么高。这也是阻止欧美生育率进一步下降的因素之一。

向两性平等社会转型

同样,在70年代,美国、英国等盎格鲁-撒克逊国家以及北欧诸国也出现了向两性平等社会转型的趋势。在60年代,靠男性一个人的收入养活妻子和孩子的情况也很普遍。另外,1950年,美国约有25%的已婚女性(不包括老年人)有工作,也就是说,75%的女性是家庭主妇。在日本,已婚女性的劳动参与率虽然有所下降,但至少也有40%,所以当时的美国是一个比日本更"家庭主妇化"的社会。

70年代,随着女权运动兴起,女性地位提升,开始进入职场。一方面是女性寻求自我实现,另一方面也是因为年轻男性就业条件恶化,越来越多的女性"被迫独立"。特别是当她们无法与父母共同生活并得到支持时,她们就不得不自食其力。这样一来,年轻女性在就业方面受到歧视就无法忍受。女权运动的势头越来越盛,因此在职场对女性的歧视正在消除,女性的薪资水平有了保证。

然而,仅仅让未婚女性参加工作,并不能阻止生育率的下降。她们必须能够在工作的同时结婚、生育。在美国,市场提供了包括保姆在内的托幼服务。正如前田正子[10]的著作所述,高收入的母亲会高价雇佣保姆,而低收入的母亲则会购买低价的保姆服务(或者自己照顾,同时通过照顾别人的孩子来赚钱)。因此,到2000年,美国已婚女性的就业率达到了75%。

而北欧国家则通过提供公共服务,为女性兼顾工作和育儿创造条件。托育和护理等服务积极聘用已婚女性,既为母亲提供了便利,又创造了就业机会。

随着能为女性提供可观收入的工作越来越普遍,以及保障她们在婚育后也能继续工作,"双职工"的前景更加光明。在大部分欧美诸国,向夫妻共同工作的转变弥补了年轻男性收入的不足。因此,虽然生育率因经济状况恶化而暂时下降,但随着女性进入职场,生育率也会在一定程度上恢复。

如图5-9所示,瑞典已经摆脱了男性是家庭唯一经济支柱的观念。

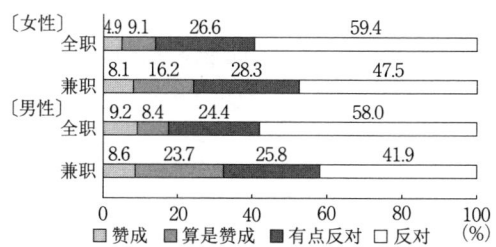

图5-9 支持或反对"丈夫应该有获取收入的责任"(瑞典)

出处:《瑞典家庭生活调查》,内阁府经济社会综合研究所。

南欧与德意志联邦共和国

同样是欧洲国家,但其中一些国家的生育率从20世纪80年代开始一直处于下降当中,如意大利、西班牙等南欧诸国,以及原德意志联邦共和国等。

南欧诸国和日本一样,在结婚前与父母同住的风俗根深蒂固。进入70年代,由于比日本更甚的战后经济快速增长的反作用,意大利的经济增长速度放缓。因此,年轻男性的收入相对下降,未婚女性的可选择结婚对象人数减少,这与日本的逻辑相同。另一个因素是,作为一个天主教国家,离婚非常困难,所以人们不得不谨慎对待婚姻。两性平等进展缓慢也与日本有共同之处。

德国与美国和其他西欧国家一样,是一旦成年就离开父母独立生活的社会。另外,同居现象也很多。但是,人们对家庭主妇的偏好很强,保障职场妈妈权益的措施推进缓慢(至少在80年代是这样的)。所以,德国出现的是已婚夫妇的生育率下降,以减少子女数量的方式应对年轻男性收入下降。

1. "下流化""下流社会"相关内容可参考三浦展著、陆求实译《下流社会：一个新社会阶层的出现》，上海译文出版社，2018 年 10 月。
2. 指只有夫妻两人及其未婚子女组成的家庭。
3. 北村安树子，日本生命设计研究所高级研究员，从事家庭、生命历程等课题的研究，著有《生命设计白皮书 2015》（共著，第一生命经济研究所编，2015 年）等。
4. 指按上课时间结算劳务费用的非正式讲师。
5. 指团块世代（婴儿潮）之后出生的一代人。
6. 注重工作年限和年龄等因素在确定公司等组织单位内的职位和工资的人事制度。
7. 在"农民自愿"的前提下，对水稻生产调整（减少水稻种植）、改种水稻以外作物给予补贴。2018 年废除。
8. 学习年限通常为两年的高等教育学制。
9. Statistical Research and Training Institute，日本总务省的下属设施之一，位于东京都国分市的情报通信政策研究所内。
10. 前田正子，旧姓西山，原横滨市副市长，甲南大学教授。

第六章

少子化因何加剧（1995年至今）

一、新经济形态普及

少子化加速

日本出生率下降的趋势到20世纪90年代仍没有停止。正如序章中所言,许多决策者认为,少子化趋势最终会停止,甚至出现逆转。其依据是研究结果显示,"单身人士想结婚的比例很高",而"夫妻生育的孩子数量没有改变"。因为大多数人结婚后都有两三个孩子,所以他们乐观地认为,推迟结婚的人最终会结婚生子。

但是现实是,这些预测已被推翻了。晚婚化的倾向并没有停止,甚至加速发展,未婚率高企不下。雪上加霜的是,婚后夫妻生育的孩子数量也开始减少。其结果是,第二次婴儿潮一代进入育龄,但出生人口还是没有增加。正如第一章所述,这十年间,关于婚育的各种指标都显示少子化加剧,出现了人口学者、早稻田大学教授阿藤诚所称的"超少子化"现象。

正如第一章所述,未婚率的上升,特别是2005年时30—35岁的人口(20世纪70年代前半出生)的未婚率增加显著。这十年间,已婚夫妇生育子女数量也开始减少,总和生育率开始加速下降。

换言之，不婚的人更多了。到了 30 多岁，不生孩子或控制生育的已婚夫妇也增加了。这种超少子化的趋势，在 1995 年以后进入育龄的 1970 年以后出生的人中，也就是第二次婴儿潮一代中更为显著。

这种少子化趋势的加剧出现在经济状况的巨变当中。

1992 年泡沫经济破灭，到 90 年代末，年轻人的经济状况恶化。直到 1990 年前后，人们还可以认为，因为靠男性一个人的收入无法过上优裕的生活，所以晚婚的人增加了。但近年来，不说婚后的优裕生活了，男性一人收入甚至根本无法支撑普通生活。

而这种年轻人经济状况的恶化，削减了年轻人的希望，导致社会上出现了大量无望结婚生子的年轻人。

我们先来看看年轻人的经济状况。

年轻人的收入差距扩大——低收入的年轻人增多

在考察年轻人的婚姻状况时，一个重要的因素是，在 90 年代后期，年轻人之间的收入差距不断扩大，同时，年轻人将来的收入预期也变得更加不确定。

众所周知，家庭间收入差距的扩大发生在 90 年代末，但受影响最大的却是年轻人。即使是认为不平等现象没有那么严重的评论家，也承认年轻人的收入差距在扩大。年轻人的基尼系数(衡量收入不平等程度的系数)的上升证实了这一点。因为高收入者增加而导致收入差距扩大是没有问题的,但是实际上,是年轻人中低收入者的数量增加了。

从图 6-1 可以看出,在 1992—2002 年的变化中,年收入超过 500 万日元的年轻人只略有增加,从 2.9% 增加到 3.2%,而年收入在 150 万日元以下的年轻人数量明显增加,从 15.3% 增加到 21.8%。

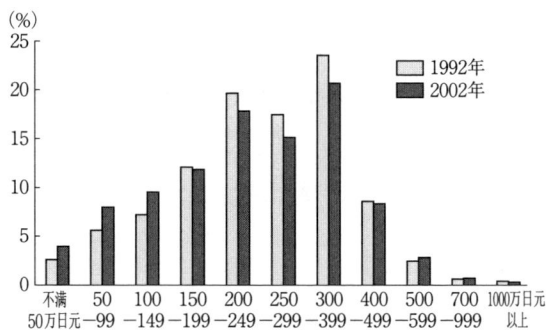

图 6-1　按收入群体分列的雇用者百分比(20—29 岁)
出处:"就业构造的基本调查",总务省统计局。

首先,低收入者数量增加是因为非正式就业规模扩大。在整个 90 年代后期,只从事兼职的飞特族迅速壮大(图 6-2)。并且在就业多样化的幌子下,临时工和劳务派遣的数量也在增加。

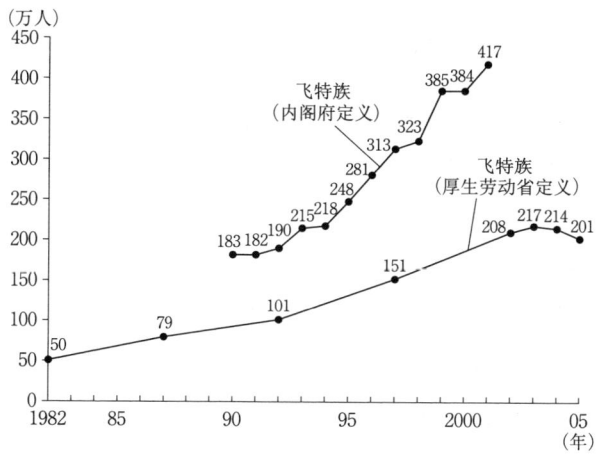

图 6-2 飞特族与非正式雇用者数量的变化

注:内阁府定义下,飞特族是指去除学生与家庭主妇的年轻人(15—34岁)中,非全职工作与兼职(包含派遣工作)以及有工作意愿但无职者。厚生劳动省的定义下,飞特族是指15—34岁,男性为毕业生,女性为毕业生且未婚,非正式工作与兼职工作者,找非正式工作与兼职工作的完全失业者,找非正式工作与兼职工作的非劳动人口(不在从事家务或不在上学或没有找到工作的人)。但是1997年以前的定义有若干不同。

出处:《平成十五年版国民生活白皮书》,内阁府;《平成十八年版劳动经济的分析》,厚生劳动省。

另外,企业开始实行绩效制,越来越多的年轻人即使从事全职工作,也无法期待收入上涨。这意味着,年功序列制下的薪资体系已经崩塌,正式员工(男性)之间的差距也在扩大,失去了人人都能晋升到管理层的可能。

年轻人的未来越来越不确定

考察年轻人的婚姻状况的另一个重要因素是,对于年轻人来说,未来就业和收入的不确定性增大了。

即使现在的收入较低,但如果未来收入预期良好,也不会有太大问题。

但是,如果他们继续从事兼职工作,就不能指望将来收入能增加。众所周知,正式员工和临时工的工资差距非常大,而且兼职工作也更不稳定。此外,临时工想找一份正式工作也并非易事。在过去十年中,转向全职就业的可能性一直在下降。

并且,由于导入了绩效考核制度,就算是正式员工,也不能保证工作安稳无虞。1997年银行和证券公司等大型企业相继破产,显然,在大公司工作已经不能保证未来收入的增长甚至稳定。

也就是说,自90年代后期开始出现一种情况——甚至男性都无法保证一辈子都有稳定收入。当然,也有收入上涨的年轻人,而且由于男女雇用机会平等法的实施,女性也可以发挥工作能力,得到高收入。但是,多数"能力一般的年轻人"对于将来的生活更加不安了。

以下数据是2003年在日本青森县和东京对25—34岁(1968—1977年出生)的年轻人进行调查的部分结果,该调查由我作为调查代表,由厚生劳动省提供科研经费(《年轻人在规划未来时对"育儿风险"的看法研究》)。

当被问及未来工作中升职和收入增长的可能性时(图6-3),

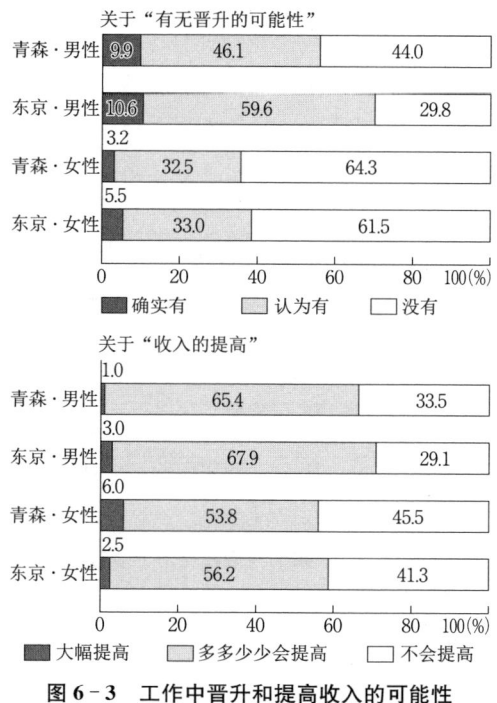

图6-3 工作中晋升和提高收入的可能性

出处:《年轻人在规划未来时对"育儿风险"的看法研究》,2004年。

青森县44%的男性和东京30%的男性表示不太可能升职。在两地的女性中,这一数字都超过了60%。在收入方面,约有三成男性和超过四成女性认为收入不会增加。尽管在本次调查时,他们的年收入并不高(四成以上的男性收入为200万—400万日元,女性不计算家庭主妇的话有四成收入在200万日元以下)。

而由图6-4可以看出,对于今后生活的预测,青森县11%—12%和东京15%—16%的受访者期望比现在更富裕,特别是青森的已婚者中,有超过半数的人认为不会比现在更富裕。

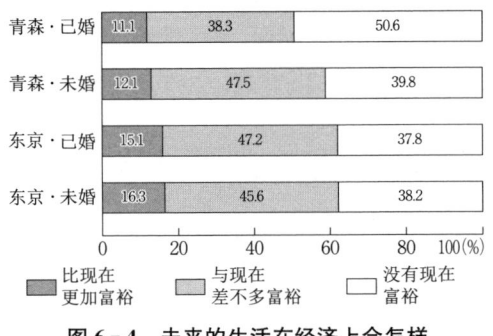

图6-4 未来的生活在经济上会怎样

推迟结婚和生育作为规避风险的措施

也许有人认为,这只是一种主观上的担心,现实中收入会上涨的。然而,仅是这样的"担心"就足以让人做出推迟结婚或生育的决定。如果婚后丈夫失业,或者孩子出生后丈夫的收入没有如期增加,就无法实现理想生活,更无法在子女教育上有足够的投入。如果婚后发现不能接受这段婚姻,可以选择离婚(其中有人选择重新和父母一起生活,现实当中这种情况也很多),但孩子出生以后,想反悔是不可能的。

规避风险(风险对冲)的原则是最小风险战略,需要对可能出现的最坏的情况采取相应的行动策略。而面对最坏的情况(丈夫失业或收入无法上涨等),最合理的选择就是推迟结婚生育。

新经济——雇用的两极分化

造成这种局面的原因可以判断为资本主义结构的转变、信息化和全球化的出现,以及20世纪90年代末被称为"新经济"的经济形势的到来(详见莱克《胜利者的代价》[1]以及拙著《希望格差社会》《新平等社会》[2])。

一言以蔽之,其基本就是雇用的两极分化。有能力的人,就算年轻,就算是女性,都能发挥工作能力,得到优厚待遇。另一方面,大量按照操作手册就能完成的工作被创造出来,例如分拣或简单的客户服务等。从事这些工作的人被当成无法提升生产力的常规员工,一直停留在低工资、临时性的非正式工作当中。

而这种经济结构的转变与高速增长时期恰恰相反,是不利于年轻人的。在日本,受这种转变影响最大的是年轻人,尤其是那些即将进入工作岗位的人,也就是1970年以后出生的一代人。这是因为,在企业社会建立后,中老年人的就业和待遇相对得到了保障。被剥削的对象是年轻人,越来越多的年轻人被迫从事单纯的重复性工作。

并且,由于经济改革,所有的行业都面临竞争。年轻人毕业后即使找到一份正式工作,也不一定能高枕无忧。即使是大公司也会倒闭,中小企业更是如此。当然,也有中小企业业绩尚可,但这不意味着所有员工都安然无虞地坐等收入上涨。生产效率较低的个体户则面临着破产压力,遑论收入增加了。事实上,由于放松管制、精简贸易、开设大型卖场的影响,个人经营的小规模商店和小批发商生存艰难。所以,家族企业的继承人(主要是长子)失去了未来生活的光明前景。

20世纪90年代末,曾经经济高速增长时期使大多数年轻男性收入预期良好的条件都发生了逆转。经济发生了对年轻人不利的结构性转变,随着经济改革,日本式保护主义经济的护送船队制度取消,并且取消了行业协会和对个体户的保护性法规。

正如上一章所讨论的,在80年代,中小企业员工和个体经营户的继承人不再有望增加收入。他们的工作曾经是稳定的,但现在作为潜在的结婚对象他们却被避开,是因为很难指望他们"养活妻子和孩子,未来过上富裕的生活"。

进入90年代后期,除此之外,日本的年轻人多是飞特族、派遣员工、临时工等,别说指望收入上涨了,他们收入低微,"自己的生活都难以为继"。他们不仅在婚姻市场上被无视,连如何过最起码的生活都未可知。

这些都是经济结构的转变带来的,伴随经济全球化而出现的情况。但其结果,对于现状却无能为力。

单身寄生这一条件

而日本等东亚国家再加上特征性的单身寄生这一条件,少子化更加严重。

正如序章和上一章所指出的,自80年代以来,欧美年轻人的经济状况恶化,失业率上升,低收入者人数增加,年轻人受新经济的影响与日本相比更大。

然而,欧美社会要求年轻人毕业后独立生活,年轻人即使未来收入前景不佳,也不得不离开家庭。此时,无论是依靠社会保障(西北欧)还是不得不依靠微薄的收入生活(美国),两个人一起生活都比较有利。换言之,不管是结婚还是同居,都远比一个人生活要好。

而在许多欧洲国家,政府采取了很多应对措施。将陷入贫困的年轻人置之不顾,将使社会陷入动荡。因此,对年轻人,特别是对生育的年轻人提供了慷慨的经济福利和就业政策,即使年轻人不得不从事低收入、非正式的工作,社会也为他们创造了能够抚养子女、可以过上普通生活的条件。即使在所谓社会福利制度落后的美国,针对贫困群体的扶持项目也很充分。

但在日本,人们和父母共同生活,不用结婚,不用独立,不用降低生活水平。经济结构的转型以不利于年轻人的方式开始,也就意味着,父母辈的中老年一代的就业和收入得到了相对保障。

与其说日本年轻人为了富裕生活而寄生在父母身上,不如说是被迫寄生才能生活。父母代替社会为年轻人提供了保障。所以,即使政府几乎没有提供任何保障,也没有出现大的社会动荡。

因此,日本迟迟没有创造出使低收入的年轻人能(怀着希望)独立生活的社会条件,导致少子化在90年代末全面开始加剧。

二、未婚率的进一步增长

非正式就业的未婚人士增加

收入低或没有收入增长潜力的男性结婚难,如果这样的男性数量增加了,那么未婚率自然会升高。

图 6-5 显示了 18—35 岁的未婚人士的就业状况。

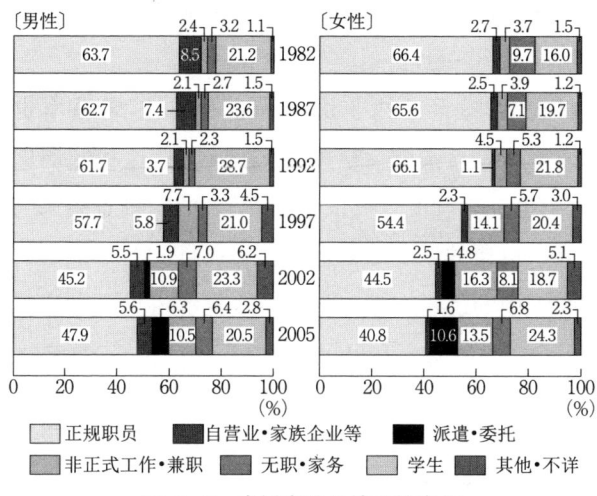

正规职员　自营业·家族企业等　派遣·委托
非正式工作·兼职　无职·家务　学生　其他·不详

图 6-5　未婚者就业情况的变化

注:18—34 岁的未婚男女。在 2002 年的调查中追加了派遣、委托的区分。

出处:《关于结婚与生育的全国调查》,国立社会保障与人口问题研究所,2005 年。

1982 年,除学生外,90% 以上的未婚男性是正式雇员或个体经营者(包括家庭雇员,即家族企业继承人)。在那个年代,终身就业制和年功序列制还在,即使不指望收入有较大增长,也可以预见到结婚的话能生活得下去。然而,自 90 年代中期以来,男女的非正式就业都有所增加。1997年,男性兼职工、临时工开始增加。到21世纪初,除学生外,全职和个体经营者总数已下降到未婚人数的三分之二左右,而非正式雇员和失业者总数则增加到三分之一。

可以看出,随着男性非正式就业的增加,未婚率也在增加。男人养家是日本社会根深蒂固的意识,这种倾向即使到了21世纪也没有改变。可以将图6-6中的调查结果与第五章第三节中瑞典的调查结果进行比较(见图5-9),在日本,即使是双职工中的已婚女性,也有80%表示由男性养家是理所当然的。

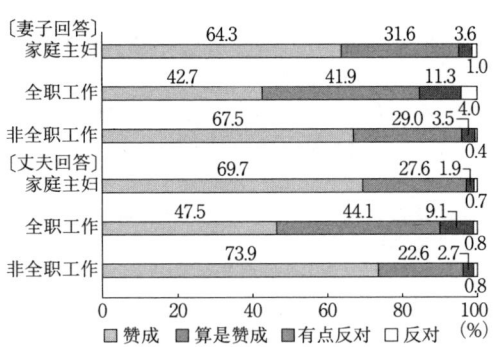

图6-6 支持或反对"丈夫应该有获取收入的责任"(日本)

出处:"现代小家庭调查",家庭预算经济研究所。

未婚男性收入与未婚女性要求的男性收入的差距

收入没有保障的男性,不再被女性视为潜在结婚对象,这一点从很多婚姻介绍所要求男性会员"有稳定工作"就可以看出。

以往从来没有考察过女性要求的男性收入,而国立社会保障与人口问题研究所的调查中,只询问在选择结婚对象时是否重视年收入,而没有询问受访者要求对方有多少年收入。

所以,正如上一节所介绍的,2003年在东京与青森县进行调查时,我们询问未婚者期望结婚对象的年收入,东京和青森两地近九成的男性受访者都表示"无所谓"。

但是,如表6-1所示,东京和青森两地只有约30%的女性受访者不关心对方的年收入。在青森,50%以上的未婚女性要找年收入在400万日元以上的男性。但实际上,根据调查,青森县未婚男性中年收入超过400万日元的仅占2.6%。在东京,66%的女性,也就是近三分之二的女性要求对方的收入高于400万日元,近40%的女性要求高于600万日元。

进一步分析表明,在东京,一个人受教育程度越高,要求对方高收入的可能越大。在东京,希望结婚对象的年收入在800万日元以上的短期大学、四年制大学毕业的未婚女性达到16.2%。虽然东京未婚男性的收入也很高,但年收入高于400

表 6-1 男性未婚者的年收入与未婚女性对结婚对象的收入期望(%)

青森	未婚男性的年收入	200万日元以下(47.9)	200万—400万(49.6)	400万—600万(1.7)	600万以上(0.9)
	未婚女性的期望	不在意(30.5)	200万以上(16.1)	400万以上(39.8)	600万以上(13.6)
东京	未婚男性的年收入	200万日元以下(33.8)	200万—400万(43.2)	400万—600万(19.5)	600万以上(3.5)
	未婚女性的期望	不在意(29.7)	200万以上(4.3)	400万以上(26.8)	600万以上(39.2)

出处:《年轻人在规划未来时对"育儿风险"的看法研究》,2004年。

万日元的也只有23%,高于600万日元的只有3.5%。

即使考虑到未婚者以男性居多,现状也出现了巨大的错位。

单身寄生族的变化

上一章提到,大多数与父母同住的未婚者,即单身寄生族,并不是拒绝结婚,而是与父母同住,直到遇到满足条件的对象为止。1990年前后,未婚男性(不限于单身寄生族)认为,只要收入增加就会找到结婚对象;而未婚女性则认为,总有一天她们会嫁给一个收入符合她们预期的人。

到了90年代末,这些希望都破灭了。未婚男性的收入并没有随着年龄增长而增加,因此,女性年龄渐长,却没有遇到符合期望的男性。单身寄生族慢慢变老,更严重的是,其中收入不稳定的人数在增加。

无法结婚的飞特男

男性不稳定就业者结婚的可能性较小。日本劳动政策研究机构的 2005 年度的一项调查数据(表 6-2)显示,男性能否结婚很大程度上取决于他们的年收入。

表 6-2　不同收入水平的结婚率(%)

年收入(日元)	男性(岁)			女性(岁)		
	20—24	25—29	30—34	20—24	25—29	30—34
无收入,不满 50 万	3.4	12.7	26.5	18.7	59.6	82.0
50 万—99 万	3.2	10.2	27.1	17.7	63.5	80.4
100 万—149 万	5.4	15.3	29.6	7.0	30.5	55.2
150 万—199 万	7.0	17.4	34.0	3.5	16.2	39.2
200 万—249 万	10.4	22.8	40.8	3.8	17.8	38.1
250 万—299 万	10.5	26.3	42.3	5.0	17.9	31.3
300 万—399 万	16.2	35.6	52.9	6.4	21.4	40.6
400 万—499 万	25.2	43.9	62.5	6.8	27.6	45.8
500 万—599 万	19.3	52.7	71.0	7.7	33.7	49.6
600 万—699 万	28.1	57.6	78.9	2.9	32.0	55.2
700 万—799 万	35.7	52.2	76.6	0.0	24.7	39.8
800 万—899 万	24.2	50.8	74.3	0.0	21.9	59.1

(续表)

年收入(日元)	男性(岁)			女性(岁)		
	20—24	25—29	30—34	20—24	25—29	30—34
900万—999万	62.0	42.3	65.1	—	22.4	67.4
1 000万—1 499万	6.0	72.5	71.1	—	34.4	44.2
1 500万以上	0.0	73.9	90.0	0.0	0.0	74.7

出处:《劳动政策研究报告》,劳动政策研究与研修机构。

尤其是非正式员工,由于工作不稳定,即使收入相当,在择偶上也处于劣势。因为支撑起婚后生活需要稳定的收入预期。一个不知道什么时候会失业的飞特族,不太可能被选为结婚对象,而男性自己也觉得按照目前的生活状态结不了婚,索性就放弃了。

我曾自己采访过一百多名不稳定就业的年轻人,其中包括飞特族和派遣员工。

很多飞特男都在追逐梦想——成为摇滚明星、作曲家、棒球运动员等,每年都参加消防员考试而失败的,还有做补习班老师并立志当专职教师的人也在此列。当被问及婚姻问题时,他们回答说:"等梦想实现了就会结婚。"不过,从客观的角度来看,他们梦想成真的概率并不高。当被问及是否有女朋友时,约有一半的人有女朋友,但他们大多在25岁左右。还有几位飞特男说:"女朋友说要结婚就必须放弃梦想,找一份固定工作。"年龄在30岁以上的飞特男表示,过去曾经交往过,现在没有。换句话说,因为工作不稳定和年龄增长,飞特男大多已经和恋人分手,目前也说不上在找对象。

在人们的印象中,他们保持自我认同的唯一方式,就是在从事非正式工作的同时,维持一个难以实现的梦想。

很多"非典型追梦"的飞特男也都放弃了结婚。一家小规模零售店的继承人表示已经放弃了,他说:"销售额每年都在下降,已经没法增加收入了。我不想结婚,因为就算娶进门,也只会让对方为钱劳碌,所以我别无选择,只能独自照顾父母,继续经营小商店。"

也就是说,如果是非正式就业的男性,继续其工作,以及如果是个体户,其经营没有希望,这些本身就是阻碍结婚的因素。在男性是家庭的经济支柱,而婚姻的希望是富足地养育孩子的情况下,如果工作或者经营没有希望增加收入的话,放弃结婚的人越来越多也就不足为奇了。

像这样的情况,不仅限于男性。近年,庆应大学教授樋口光雄等人的一项调查显示,飞特女结婚的可能性也很小。

这可能有两个原因:首先,男性寻找有固定工作的女性作为结婚对象的倾向增强;其次,人们对结婚对象的收入要求已经高于飞特族的收入。我们依次来看一下。

男性观念的重大转变

图6-7是国立社会保障与人口问题研究所对单身人士调查的一部分,此调查我曾多次引用。自1987年以来,每次都会询问女性理想中的生活和未来的计划,以及男性对女性的期望(可以理解为对婚姻伴侣的期望)。

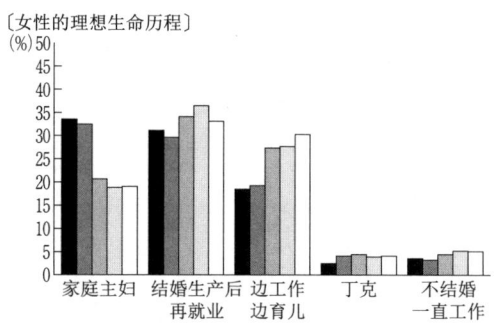

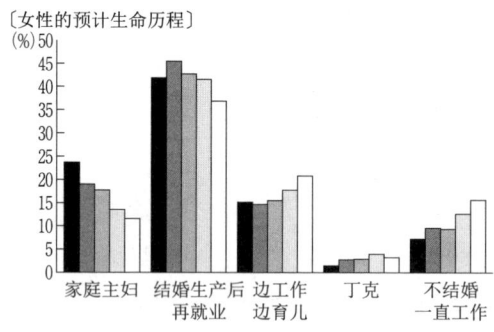

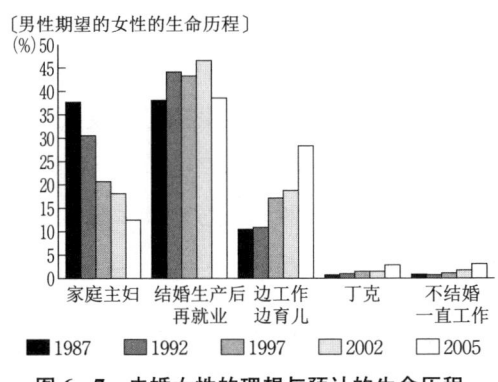

图 6-7　未婚女性的理想与预计的生命历程，以及男性所期望的女性的生命历程

出处：《关于结婚与生育的全国调查》，国立社会保障与人口问题研究所，2005年。

从图中可以看到，1992年和1997年之间有很大的脱节。

希望再就业的女性比例并没有明显变化，但从1997年开始，工作生活两者平衡的愿望有所上升，并超过了做家庭主妇的愿望——然而，即使如此，也只占三成左右。

不仅如此，男性的变化也很显著。期望女方做家庭主妇的男性数量急剧下降。特别是2005年的调查显示，12.5%的单身男性希望女方成为家庭主妇。相比之下，想成为家庭主妇的女性人数要高得多，占19%，其中只有11.7%的人打算做家庭主妇，也就是说，至少有7%的女性想做但做不了（因为有错位,实际应该更多一些),而想工作但又别无选择只能当家庭主妇的女性几乎不存在。

也就是说,很多男性认识到仅凭自己的收入不足以维持富足的生活。虽然仍有很多男性希望伴侣产后在家带娃,等孩子大了再重回职场,但目前男性对女性能够平衡工作和育儿的期望,与女性自身的要求几乎持平。

被家庭主妇偏好左右的飞特女

如果女方是正式员工,即使伴侣的收入一般,双方一起工作,生活也还过得去。但是,一个飞特族即使工作时间接近全职,也很难达到百万年薪。那么,就要靠未来伴侣的收入生活。尤其是在和父母一起生活、经济相对宽裕的情况下,这样的女性只能要求结婚对象有可观的收入。不用说高收入的年轻人,连正式员工人数都在不断减少的当下,可供选择的结婚对象的绝对数量不足,所以很多人没结婚就老去了。换句话说,尽管被家庭主妇偏好左右,但现在已经没有收入高到可以支持女性继续做家庭主妇的男性了。

我采访的大部分飞特女都想成为家庭主妇。90年代末,我在某个城市采访了一位30岁的飞特族(与父母同住,国立大学法律系毕业,年收入约100万日元)。我问她今后想做什么,她说:"结婚后想做家庭主妇,把孩子养大。孩子大到不用照顾时,我再培养一些兴趣爱好。等丈夫退休后,过上安逸的生活。"我问她结不了婚怎么办,她显得非常茫然。当时她没有恋人,也没有相亲。但她相信,总有一天能找到一个收入稳定的男性步入婚姻。

大约在同一时间,我在东京采访了一位25岁的派遣社员(与父母同住,私立大学理科毕业,年薪约200万日元)。她告诉我,她为了每年在德国居住两个月,特地选择了派遣工作。她有一个正式就职的男朋友,但其收入一般。男方想要结婚,希望两人一起工作,但她想辞职做全职太太。她目前和父母一起生活,直到男方的收入提高为止。这是一个典型的拖延型不婚者。我对她说:"可是这个时代,他的收入不一定会提高,是吧?""对啊,山田老师。所以我才让派遣公司派我去顶级企业,找一个有可能比他收入高的男人。"她答道。

希望继续工作的飞特女是少数

她们并非为了保住工作才不结婚。作为临时工或派遣员工,她们中的大部分从事的都是简单的标准化工作,随时辞掉都不可惜。事实上,当被问及婚后是否希望继续工作时,几乎所有飞特女都表示,"可以的话,不想继续工作"。

这些女性的工作都是输入数据、复印等杂务，或者从早到晚说着"欢迎光临，请问要点什么？"。如果与收入丰厚的伴侣结婚的话，就不用做这种工作了，这样想也无可厚非。但是，高收入男性越来越少，所以她们无法结婚，只能继续工作。这就是她们被迫置身的处境。

而这也可能在一定程度上适用于全职工作的女性。并非所有从事全职工作的女性都有上升通道。比起男性，收入无法上涨、被排除在晋升路线之外的女性更多。很多女性认为与其继续从事没有成就感的工作，不如花时间好好养育孩子，这并不足为怪。

此外，很多女性，即使是有晋升空间的女性，也对工作感到厌倦。我的一位学生在毕业论文中整理了一份女医学生的访谈调查。有很多女生表示，产后想暂时辞职。在其他几个案例中，她们表示选择医学专业是因为医生辞职后更容易重返工作岗位（2006年度东京学艺大学研究生毕业论文，泽田千纮）。

之前的调查（图6-7）也显示，即使在2005年，也有30%的未婚女性希望在产后继续工作。即使加上各占5%的不婚者和丁克族，想继续工作的未婚女性有40%左右。这个数字只略高于女性的四年制本科升学率。约有60%的未婚女性想以结婚生子为契机，暂时辞掉工作。而要想维持辞职后的生活，男性的收入就必须高而稳定。

向两性平等转型进展迟缓

我们再来谈谈婚育的经济要求。

如果自己和配偶认为收入预期高于对婚后生活水平的期望,就有利于婚育,反之则会限制结婚、生育。

在日本,由于单身寄生现象,婚育生活期望值并不容易下降。想要在婚后保持比单身时更高的生活水平,想要为自己的孩子提供比自己更好的教育条件,这种心情无可厚非。

既然如此,如果从男性养家转换到双职工模式是成功的尝试,那么两个人的收入应该会超出预期,有利于结婚(包括同居)和生育。这种转换在西北欧和美国等地是成功的,我们在第五章已经讨论过。

日本也于1985年通过了平等就业机会法,为职场女性免受歧视创造了条件。此外,随着育儿假法[3]的颁布和"天使计划"[4]的制定,正在形成一种避免生育成为工作阻碍的社会环境。

但在日本,时机不对。在女性踊跃进入职场的同时,新经济也在不断发展壮大,年轻人就业两极分化加剧,导致飞特族和派遣社员数量增加。即使成为正式员工,由于实行绩效考核,很多工作单位中也不是每个人都能得到晋升机会。这与其说是对女性的歧视,不如说是新经济增加了男女双方非正式就业的数量,正式员工的待遇差异也在扩大。于是,平等就业机会法一颁布,未婚女性反而同时开始了非正式就业。

在欧美,婚后(同居)男女为了生活,哪怕是一份低收入、没有前途的工作,也只能一直做下去。在日本,男性同样没有选择的余地,女性则可以选择和父母一起生活,等待机会,"嫁给一个收入颇丰的男人,而不用从事低回报的工作"。有些人幸运地抓住了机会,最终与收入稳定(极少数情况下还是高收入)的男性结婚。然而,很多女性只是一直在徒然等待。这一结果反映在了2005年30多岁女性32%的未婚率上。

单身寄生族年龄增长

一旦到了30多岁,偏好成为家庭主妇的女性如愿结婚的概率会越来越小。这是因为同龄人中收入较高的男性大多已婚(他们往往结婚较早)。无论再怎么想结婚,也很少有女性会接受一个收入不稳定,尤其是低收入的男性。(当然,未来也许会看到高收入女性与飞特男的结合。)

继续与父母生活在一起的未婚男性也越来越多,他们因收入下降而无法单独生活。

这些单身寄生族的年龄开始增长。根据日本国家统计与培训研究所西文彦的计算，近年来，与父母同住的成年未婚者人数迅速增加（图6-8）。截至2006年，35—44岁的未婚者中，13.9％，即240多万人与父母同居，其失业率为8.8％（图6-9）。非正式雇用的比例男女均为10％左右（图6-10）。在与父母一起生活的成年未婚者中，有不到20％（约50万）的人处于失业或不稳定的非正式就业状态。

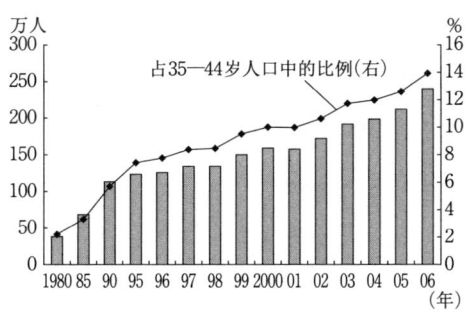

图6-8　与父母同居的成年未婚者（35—44岁）数量的变化

出处：《统计》2007年2月号，日本统计协会。

考虑到1980年与父母一起生活的成年未婚者只有39万人，其中只有约4万人失业和不稳定就业，这个数字在25年内增加了10倍以上。

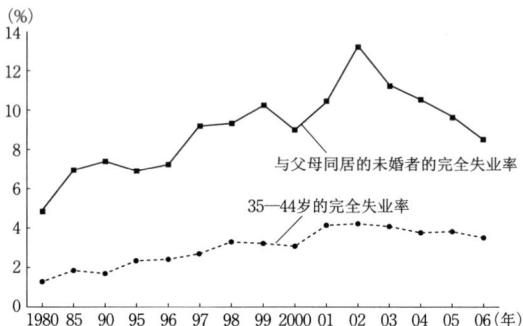

图6-9 与父母同居的成年未婚者(35—44岁)的完全失业率的变化

出处：同前。

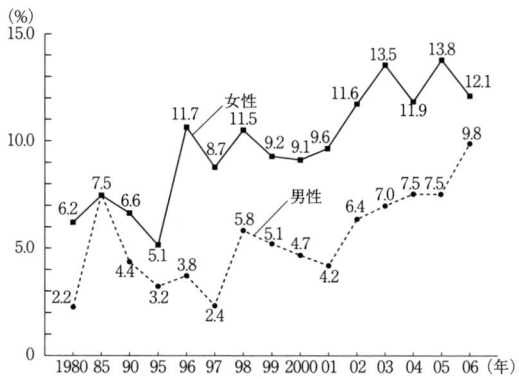

图6-10 与父母同居的未婚者临时雇用或日工比例的变化

出处：同前。

而如今,与父母同住的成年未婚者和飞特族主要是20多岁的人。近年来,非正式员工转为正式员工的比例越来越低。未来,与父母一起生活的无收入或低收入的成年未婚者人数预计会增加。

父母代为相亲

子女大龄未婚,有哪个父母会不操心?所以父母代为相亲才会如此流行。双方的父母先见面,彼此称心合意,之后子女再见面。

众所周知,在婚介行业,很多未婚的人都是由父母带着加入的。有一家公司注意到了这一现象,为会员的父母们举办了一场相亲会,报名者络绎不绝。从此,类似的相亲活动成为常态(甚至注册了商标)。此后,这种做法又在其他地方得到推广,现在有一个互助会在全国各地为会员的父母组织聚会,而不是为会员举办。

实际上,父母相亲推进到子女见面,最终步入婚姻的比例,据说并不高。无论如何,这些聚会都很受家长们的欢迎。会场上都是五六十岁的父母,一边展示照片和资料,一边夸耀自己的孩子。

跨国婚姻的增加

伴随着单身寄生族年龄增长,近十年来,跨国婚姻增加显著。战后,日本的跨国婚姻大多是与居住在日本的韩国人或朝鲜人结婚。但是,近十年来,菲律宾、中国、泰国等亚洲国家以及南美、欧美国家的数量增加,对象国家多样化,特别是与非日本出生的外国人(新移民)结婚的数量也在增加(图 6-11)。在日本,跨国婚姻已经达到整体的 5%。

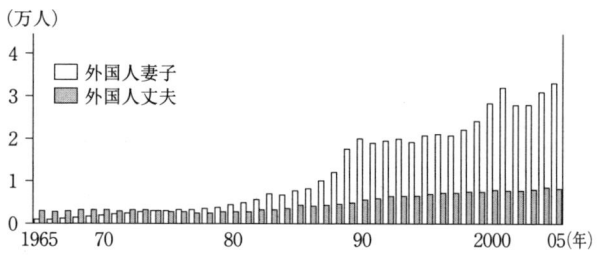

图 6-11 跨国婚姻的外国人对象的变化

出处:《人口动态统计》。

而且在伴侣的国籍方面也体现出明显的性别差异(图 6-12)。近十年来,新移民与日本男性的婚姻数量有所增加,特别是来自亚洲国家和拉丁美洲的女性。在这些国家,女性的婚姻生活期望值比日本女性低,所以即使是低收入男性也可以考虑。

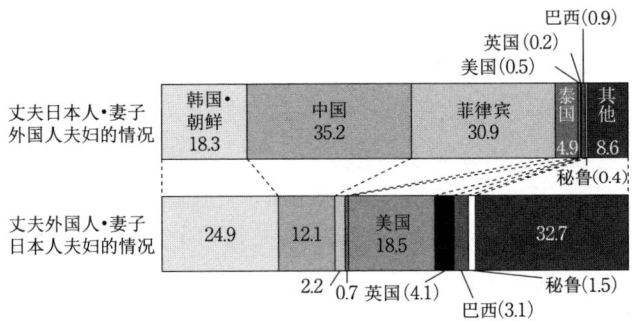

图 6-12　跨国婚姻的国籍比例(2005 年,%)

出处：同前。

原本,这种风气始于 1980 年前后,为了解决农村男性的结婚难问题,将菲律宾女性介绍给他们,但如今,这种趋势在城市更为普遍。可能会有男性与来日女性相识,或在国外旅行时与女性相爱,但大多数情况下是通过中介公司安排相亲认识的。

另一方面,日本女性跨国结婚的增幅不如男性明显(图 6-11)。除了与派驻日本的军人结婚(在冲绳县很常见)外,大多数都是与来日本做生意的美国职业男性结婚。他们可以"期待两个人共同工作,能够过上富裕的生活"。另外,很多日本女性在国外(主要是去英美和澳大利亚)遇到结婚对象的情况也在增加。(顺便说一下,我的研究室两名女性毕业生就是以这种形式在美国结婚生活的。)

三、已婚夫妇的生育控制

已婚夫妇的生育率下降

正如第一章所述,据观察,已婚夫妇的生育率在 90 年代有所下降,而这显然是日本少子化加剧的一个因素。在 1990 年之前,生育率下降几乎可以用晚婚、不婚倾向来解释,但在 90 年代,即使结婚,人们也不再像过去那样想生孩子了(图 6-13)。

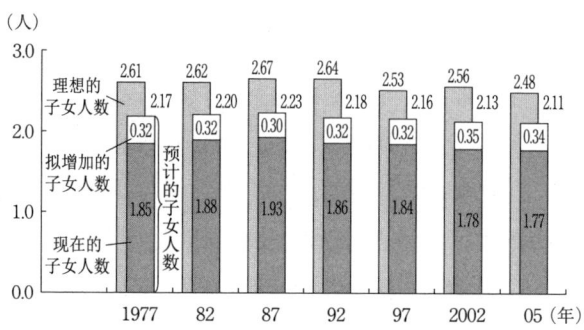

图 6-13　生育子女平均理想数量与预计数量的变化

出处:《关于结婚与生育的全国调查》,国立社会保障与人口问题研究所,2005 年。

关于夫妻如何做出生育决定的研究很少。根据国立社会保障与人口问题研究所岩泽美帆[5]的研究(《人口学中的生育率下降》,《家庭研究年度报告》,第 31 期),在 1998 年,40%—60%的怀孕是意外受孕,30%—50%的生育,包括非婚生子,推定是计划外生育(10%的差异在于人工流产)。

即使已婚夫妇打算生育,也不代表他们会如愿以偿地怀孕生子。另外,还可以通过避孕、流产、无性生活等方式来控制生育。战后,每对夫妻生育的平均子女数从一个近乎稳定的水平下降,即使减去晚婚的影响,也意味着出现了控制生育的现象。

控制生育的原因可能有多种,但目前我认为以下三个因素是最有可能的:经济因素、无性生活(婚内性行为减少)和离婚。让我们按顺序来看一下。

新经济的发展与对未来的担忧

最有力的是经济因素,这与不婚的逻辑是一样的。

1990 年以前,已婚夫妇平均育有 2.2 个孩子。这意味着,夫妻收入预期和婚育生活期望值平衡点在 2.2 个孩子。直到此时,收入预期良好的男性成功结婚。即使在经济低增长时期收入增长有所减缓,也能靠妻子的兼职收入来弥补。

纵观各种对已婚人士的调查,不生孩子的首要原因是"教育花费高"。(年龄越大,选择"年纪大了"这一选项的越多,但这更多是非主观的原因。所以,生育成本是主要因素。)

直到 1990 年左右,虽然人们声称"教育花费高",但最后还是平均生育了 2.2 个孩子。因此,很难将婚育生活期望值提高作为 90 年代末以来已婚夫妇生育率下降的原因。诚然,由于担心宽松教育带来的后果[6],高学历人群增加了孩子课外补习的投入,同时学生报考私立中学的比例也在升高[7](图 6-14)。然而,补习费和私立中学入学率有所提高,是 21 世纪初的事情。根据贝内塞[8]的研究,1995—2000 年,子女的教育成本曾一度下降,随后在 2005 年回升。

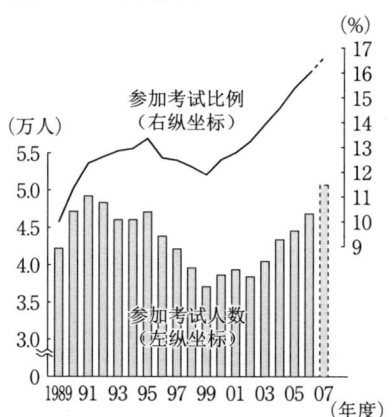

图 6-14　首都圈一都三县的私立中学与公立中学参加考试人数与比例

注:公立初高中合校除外。
出处:四谷大冢升学辅导班测算。

那么,问题就在于 90 年代夫妻收入预期恶化了。正如第一节所讨论的,从 90 年代末开始,年功序列制实际上已经崩溃,即使是正式员工,也不能保证收入增加。收入较高的中老年人自不必说,处于育龄的年轻夫妻意识到收入在未来可能不会增加,为了规避风险,开始控制生育。新婚夫妇推迟生育,有子女的夫妇推迟生育第二个子女。

表 6-3 是 2003 年在青森和东京进行的调查,其中显示对未来收入较不确定的夫妻,其计划生育的子女数量(计划再生育的子女数量)较少。或许有人会说,这只是主观上的焦虑,但是正如我反复强调的,焦虑足以让人对生育望而却步。

表 6-3 按未来生活意识看计划增加的孩子数量(人)

	青 森	东 京
比现在更加富裕	1.00	0.75
与现在相同	0.83	0.61
没有现在富裕	0.50	0.52

出处:《年轻人在规划未来时对"育儿风险"的看法研究》。

职场妈妈的就业壁垒

针对这种情况,为职场妈妈创造工作条件将有助于她们负担子女教育费用的观点是正确的。众所周知,缺乏托幼服务和丈夫在育儿中的缺席是阻碍女性重返职场的因素之一。

此外,还有新经济的壁垒横亘其中。无论托幼机构和服务多么完善,丈夫如何帮忙照看孩子,如果女性没有一份能获得体面收入的工作,就无法指望收入增加。非正式就业者大多没有育儿假。一旦辞职,成为家庭主妇的女性最终只能从事没有晋升机会的简单标准化工作,除非具有职业资格(护士或税务会计等),或者较强的工作能力。

关于丈夫参与育儿和家务的情况,已经做了很多研究。研究发现,影响丈夫参与度的最大因素是妻子的收入。妻子收入高,丈夫会花更多时间在家务和育儿上;妻子收入低,丈夫往往不会帮忙做家务和育儿。

丈夫的家务劳动参与度如此低下,一部分原因是,妻子无法从事与丈夫收入相当的工作。因为新经济的影响,劳动力市场上有价值和晋升通道的工作正在减少。

工作方式的多样化一直很受欢迎,有人说,现在有更多的工作可以让妈妈们不必坐班,远程办公、在家办公,甚至创业。但是,很多人不知道这些工作的收入有多低。有一位自由撰稿人,同时也是带着两个孩子的家庭主妇,每周做两三个采访,在家整理稿件。她说她的年收入最高不超过 150 万日元。另一位在家从事函授课程点评工作的家庭主妇说,即使再怎么努力,年收入最高不过50万日元。也有人会说,如果把收入作为唯一的考虑因素,那么超市收银员或家庭餐馆服务员的兼职工作会更有利可图,尽管需要更多时间。但除非生活极其困难,否则高学历家庭主妇并不愿意从事这种按劳动手册来执行的单调重复性工作。她们宁可通过少生孩子来应对丈夫收入下降和未来收入无保障,这一结果从已婚夫妇生育率的下降中可见一斑。

无性婚姻的增加

虽然无性婚姻被认为是已婚夫妇生育率下降的一个因素,但可靠的相关统计数据很少。国立社会保障与人口问题研究所的铃木透在分析2002年生育趋势基本调查的数据时指出,与1997年的调查相比,夫妻"避孕工具使用率"下降,但怀孕次数却同样有所下降,他推测可能是因为无性婚姻增加。

孩子的出生是性行为的结果,但婚姻并非意味着一直持续的性生活。日本的夫妻性生活频率,据说从世界范围来看都很低。

根据永田夏来[9]的分析,导致无性婚姻的因素是多样的,有身体上的,也有可能因为夫妻关系恶化,还有一些是因为孩子出生后夫妻间性吸引力下降,也有可能是因为工作时间过长,没有时间或精力进行性生活。

有的人想再要一个孩子,但因为无性生活而不能要,有的人为了避孕而没有性生活。此外,我认为,越来越多的夫妻不想有性生活了。

离婚率上升的影响

最后,我想谈谈离婚率上升的影响。

离婚率上升并不一定会导致出生率下降。在美国,很多人离婚后带着孩子再婚的情况也很常见。如前所述,这是由于生活压力导致人们早早结婚。对于单亲家庭来说,再婚的经济效益尤其显著。在美国,和新配偶生育孩子,以此作为"爱的证明",这种倾向比较明显。在每两对夫妻中就有一对以离婚告终的美国,有意见表示这也是出生率上升的原因之一。然而,正如在一个研究会议中一位丹麦人口学家所确认:在丹麦,没有数据表明再婚(再同居)者更有可能生育新的子女;离婚(解除同居关系)对出生率有负面影响。所以,离婚—再婚有利于生育可能是美国独有的文化现象。

在日本,再婚的比例并不高(离婚三年后约 50%),再婚后生育的比例也不高。因此,离婚女性生育的比例低于已婚女性的比例。国立社会保障与人口问题研究所考虑到离婚率上升的影响,使用"离婚系数"来估计未来人口。

离婚人数的大幅增加,同样是在90年代末(图6-15)。虽然有子女的中年离婚人数增加不少,但离婚的主力军仍是结婚时间不长的夫妻,而这些离婚人数的增加是导致夫妻生育率下降的原因之一。

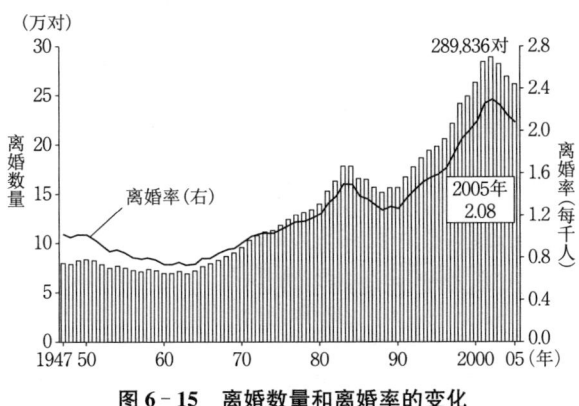

图6-15 离婚数量和离婚率的变化

出处:《人口动态统计》,厚生劳动省统计信息部,2005年。

经济因素在离婚中也起着很大的作用。我们调研小组在2004年至2006年期间进行了离婚访谈调查(首都圈、冈山、青森)和问卷调查(大阪、东京),发现存在因丈夫失业而妻子带着孩子回老家的情况。

在 30—59 岁的离婚女性中,约有 20%(截至 2005 年)将丈夫失业或破产作为离婚的原因。当被问及对前夫有什么不满意的地方时(多选),60% 的女性回答是收入状况。

丈夫失业和收入下降导致了妻子对收入预期的怀疑,从而引起妻子对丈夫的嫌弃,最终走到离婚这一步的情况越来越多。我有一个假设,90 年代末以来离婚人数的增加,有相当一部分可以用丈夫的收入不稳定来解释。

经济条件的变化引起子女数量减少

我们已经讨论了可能与已婚夫妇的子女数量减少有关的三个因素,它们都与年轻丈夫收入越来越不稳定有关。教育成本居高不下,如果丈夫收入不稳定,子女数量就会减少。正式员工可能为了免于被裁员而加班,没有性生活的时间和精力(只是假设)。如果丈夫被裁员或收入减少,离婚的可能性就会增加,生育的可能性就会减少。

正是 90 年代末新经济的渗透造成男性收入不稳定,同样对结婚和生育造成了阻碍。已婚人士不能寄生在父母身边,于是推迟生育时间,或者离婚,重新和父母一起生活。

在日本,这可能是由于新经济的推进发生在男女平等取得进展之前。

1. 罗伯特·莱克(Robert Reich),美国前劳动部部长,政治家、学者、作家,美国加州大学伯克利分校公共关系学教授。此书另译作《卖命工作的诱惑》(梁文杰译)。
2. 本书作者山田昌弘于2004年出版《希望格差社会》,副标题为"失败者的绝望撕裂日本",指出随着"胜利者"与"失败者"之间的差距不断扩大,那些觉得自己的努力没有得到回报的人的希望正在消失,日本正在被对未来抱有希望的人和对未来绝望的人分裂。2006年山田昌弘出版了其续作《新平等社会:超越希望的差距》。
3. 日本1991年颁布的《照顾儿童或其他家庭成员的工人福利法》(1991年第76号法)(通常称为《育儿和家庭护理假法》)。
4. 日本1995年实施的"支持儿童保育的综合计划"。
5. 岩泽美帆,东京大学博士,日本国立社会保障与人口问题研究所人口动向研究部室长。
6. 宽松教育,并非日本文部科学省指定的正式名称,指20世纪80年代开始的教育政策,特点是大幅度地减少教学内容和教学时间。
7. 相对于公立学校学费便宜而执行宽松教育,私立学校学费高却更加注重升学率。
8. 贝内塞联合公司(Benesse Holdings, Inc.)主营业务为出版、远程教育等,总公司位于日本冈山。
9. 永田夏来,家庭社会学者,早稻田大学博士,现为兵库教育大学研究生院教育研究科准教授。

第七章

恋爱结婚的发展历程

一、恋爱与结婚的根本性变化

恋爱经验增加

目前为止,我们已经从经济方面讨论了婚姻问题。最重要的是,婚姻是两个人开始共同生活,而生育成本是很高的。不可否认,经济原因会影响婚育的"意愿和决定"。

但作为结婚的前提,选择结婚对象是不可或缺的过程,这一过程自20世纪80年代以来发生了翻天覆地的变化。而这一点对于1950年以前出生的一代人来说,是很难直观理解的。

目前不婚的风气,往往被解读为如今的年轻人不善交往,或不够勇敢,或没有互相认识的机会,但是实情并非如此。

表7-1是我在2004年作为主要研究调查者进行的调查数据。(在东京和大阪进行抽样调查,共1 041份有效回收。东京和大阪的样本没有明显差异,所以将数据合并计算。)

表7-1 迄今"以恋人身份"交往过的对象人数

		无	1人	2—3人	4—5人	6人以上
50多岁(1945—1954年出生)	已婚	27.1	18.9	39.6	11.4	2.9
	未婚	36.4	9.1	27.3	27.3	0

(续表)

		无	1人	2—3人	4—5人	6人以上
40多岁（1955—1964年出生）	已婚	15.6	12.4	41.7	22.0	8.3
	未婚	20.7	3.4	44.8	24.1	6.9
30多岁（1965—1974年出生）	已婚	2.4	11.6	40.4	28.8	16.8
	未婚	26.3	11.3	36.3	15.0	11.3

出处：《离婚率急速上升的社会中已婚夫妇感情关系的实证研究》，2006年，研究代表者为山田昌弘。

这是调查人们至今为止交往过的恋人数量（虽然结婚后交往的人也算在内，不过本调查以其数量相对较少为前提）。

2004年，50多岁的人，包括婴儿潮一代，主要是在70年代结婚。即便在已婚人士当中，也有27.1％从未有恋爱经验。也就是说，超过四分之一的人从记事起就没有与异性交往过，通过相亲结婚，婚后也没有与配偶以外的人交往过。

另一方面，30多岁的人多是在90年代结婚，其中许多人未婚。在已婚人士中，没有谈过恋爱的非常少。并且只有11.6％只谈过一次恋爱。这一代人在婚前经历过多次恋爱的也不足为奇。在未婚的人群中，仅有26.3％从未谈过恋爱，约占四分之一，超过六成的人曾与两个或两个以上的人交往过。从这个数据来看，我们还可以说现在的年轻人不善于交往，或者没有互相认识的机会吗?

在70年代以前,不谈恋爱也可以结婚;但90年代以后,出现了一个变化——有了对象也不一定能结婚。

恋爱与结婚的分离

不是因为相亲结婚或职场婚姻的减少,也不是因为结婚的诱发因素发生了变化,而是因为恋爱与婚姻的关系发生了根本性的改变。

恋爱与婚姻逐渐分离了,具体来说,是人们普遍意识到,恋爱不再必须结婚,可以只享受恋爱的过程。

以"50后"(目前45—55岁)为分界线,人们在意识上产生了重大差异。50年代及之前出生的人都憧憬恋爱,他们成长在一个谈恋爱就会结婚的时代。另一方面,"60后"以及更晚出生的人,成长在一个恋爱自由的时代,如果说谈恋爱就一定要结婚,肯定会被人笑话。这种认识上的差异是至关重要的("50后"正处于过渡期)。

这并不意味着恋爱结婚已经消失。即使是60年代以后出生的人,还是认为要和喜欢的人结婚,但并不是说成为恋人就必须要结婚,可以只享受恋爱的过程(乐趣中包含性行为)。

男女交往活跃的悖论

婚姻包含两个要素,一是与喜欢的人沟通,二是共同生活。而要一起生活,则需要花费。换句话说,婚姻既是加深与喜欢的人的沟通,也是工作赚钱、分担家务的经济问题。

恋爱从婚姻中分离是指与喜欢的人在进行包括性生活等形式的沟通,从生活中分离出去。也就是说,恋人之间的交往不需要考虑收入或者家务分工,但结婚就不得不考虑"生活"。正因为存在这种鸿沟,正如在第五、第六章所讨论的那样,越来越多的人因经济原因而不结婚。同时,这也解释了为什么经历过男女关系的人越来越多,而结婚的人却越来越少的现象。

所以,随着男女交往的活跃,经济因素便凸显出来了。在婚姻问题上,我经常被批评为经济决定论者。有不少年长的研究者对我说,只要互相喜欢,哪怕穷也会结婚的。但事实并非如此。人们对恋爱的认识发生了变化,出现了就算喜欢也没有必要结婚的局面。因为互相喜欢也不一定结婚,结果婚姻就成了经济问题。

二、恋爱结婚的普及期(1980 年以前)

现代恋爱的普及

首先来看看 1980 年以前的情况。

战后到 70 年代,是恋爱结婚的普及时期。战后大多数人是相亲结婚,而自 1955 年前后,恋爱结婚开始增多,到 1980 年,恋爱结婚占到婚姻总数的 90%(图 7-1)。换句话说,经济高速增长期也是恋爱结婚的增长期。

恋爱的根本在于喜欢上某个特定的异性,而问题是能否与之结婚。而这一时期,正是我所说的,现代恋爱的普及期,而这也增加了其实现的概率。

现代恋爱基于一种规范性的认识,即想和喜欢的人结婚,如果不想结婚,那么就不是真正的恋爱,只是逢场作戏。换言之,即认为恋爱的目标是结婚。我屡次强调,这个认识对于 1950 年以前出生的人是理所当然的,而对 1960 年以后出生的人来说是陌生的。(比如吉田拓郎的主打歌《我们结婚吧》就提醒人们,在那个时代,互相喜欢就结婚被认为是天经地义的事情。)

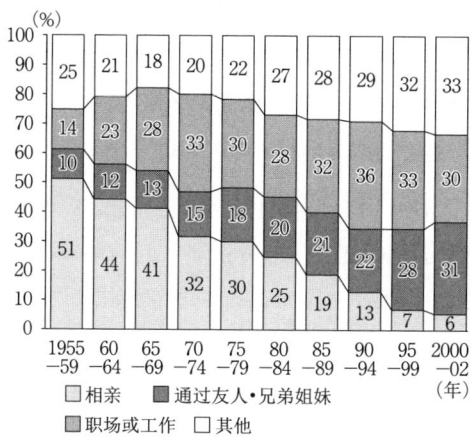

图 7-1 已婚男女相遇方式的变化

注：仅包括初婚夫妇。
出处：《出生动向基本调查》，国立社会保障与人口问题研究所。

以互相喜欢为契机开始男女交往——最初由单方面的喜欢开始的交往，也有可能在交往深入的过程中变成两情相悦。在现代恋爱当中，互相喜欢的两个人会朝着婚姻的目标前进，等到做好准备，就结婚生子，幸福生活，这是典型的现代爱情故事。

这种体系有利于结婚。因为当人们喜欢上别人的时候，不得不联想到结婚。反之，如果明知不能结婚还去交往的话，就不算是真正的恋爱。若不以结婚为前提就无法开始交往，或者说既然开始交往了,就没有理由不结婚。

此外,男性对于喜欢的人可能有较强的性冲动。不以结婚为前提的性行为,理所当然被认为是不好的事。所以,如果想要性关系,就必须要以结婚为前提开始男女交往。(1995年前后,我曾使用过"婚前性行为"这个词,有学生问我是什么意思。当时,不以结婚为前提的性行为是非常普遍的事,有学生甚至不知道曾经有过关于婚前性行为是否应该的争论。当然,即使在今天,也有年轻人认为婚前不能发生性关系,但他们是绝对少数。)

让我们来考虑一下1980年以前,男女交往仍然贫乏的情况下,对于大多数人来说恋爱结婚是在什么条件下得以实现的。

吸引力的性别差异

在进一步讨论之前,作为铺垫,我们先来看一下现代社会中的吸引力的两性差异。

男女双方要想成为恋人,仅仅相识是不够的,为了能够互相喜欢,必须要具备吸引力。对于个人来说,异性的吸引力是多种多样的。然而,从宏观角度看,吸引力的分布并不是随机的。人们觉得什么样的特质具有吸引力,从小就受到社会的影响,在心中打下烙印。

而且,虽然本书中不会详细讨论,但在现代社会中,男性的吸引力往往与领导力、工作能力等经济实力相关,而女性的吸引力则往往基于容貌、性格等因素。这与传统的性别分工有关(详见《性别社会学》,放送大学出版,与江原由美子[1]共著)。

让我们简单假设,男性的吸引力是其(潜在的)经济实力,女性的吸引力是其容貌、性格。男性在经济实力上存在着客观差距,女性更喜欢经济实力强的男性。另一方面,在外貌或性格方面则谈不上有客观差距。有些男性喜欢纤瘦的女性,也有男性觉得丰腴的女性更有魅力。对于女性来说,吸引力上的差异不容易判断。

贫乏的男女交往

20世纪50—70年代,是日本男女交往非常贫乏的时期。

数年前,我的一位研究生写了一篇关于60年代的中学男女生交往的毕业论文。她分析了当时很多中学生都在看的《初二时代》上的恋爱文章,其"纯洁性"令人惊讶。首先,文章中,就算是相互喜欢的人也会避免单独接触。如果对某位异性感兴趣,那么朋友们会建议组织集体活动,或者表示正是应该全身心投入学习的时期,建议通过运动来转移一下注意力等。即便在高中,可能也基本不存在一对一的男女交往,虽然并没有当时的数据。

当时，人们的活动场所因性别不同而存在差异。就算同校同班，玩耍的地方也不一样。男女生为了一起玩，不得不特意组织集体活动。而在非大都市的地区，如果男女两个学生一起在街上，就会被认为是不纯洁的异性交往，而成为被管教的对象。

大学基本上是男性的世界。女性的大学升学率很低，而且多数上的是短期大学或女子大学。而在1970年之前，大部分男学生对政治活动的热情要高于恋爱。

职场的男女隔离也比现在更严重。高中学历的男性多在工厂工作或经商，高中学历的女性一般从事销售、文员等工作。即使在休闲方面，男性与女性的活动场所也大不相同。人们不得不想方设法为男女交往创造集体见面的机会，例如职场的社团等。

总之，不可否认，当时结识异性的机会比现在要少得多。

被忽视的吸引力差距

异性之间近距离接触较少的情况下，吸引力差距的问题便被忽视了。

当时有很多职场婚姻。这可能是因为身边只有职场存在少数可以接触到的单身异性。一个没有恋爱经验的人，置身于有单身异性的环境中，那么会很容易喜欢上这个异性。当时大多数男性收入稳定,并且有良好的收入预期。对女性来说,只要是单身且收入稳定的男性,就是有吸引力的。那时,女性因为结婚离开职场是很平常的。对男性来说,身边的女性只要年轻且单身,那就是有吸引力的。如果因为某些契机,男性成功地约她出来,那么两个人就会以结婚为目的开始交往。也就是说,关于吸引力的竞争较少。

当时常见的相亲也是如此。从未与异性亲密交往过的男女,被迫置身于密切交往的环境当中,这样一来,如果经济能力(男性)、性格和外貌(女性)都没有太大问题,那么互相喜欢并步入婚姻的概率会很高。

吸引力差距是暴露在自由竞争中才会显现的东西。在选择极少的年代,即与异性接触极少的年代,反而会提高走到一起的概率。

根据1965年前后对某小区的家庭主妇进行的调查,大约一半的结婚契机是相亲,25%是在职场认识的,大约10%是兄弟的朋友。说明当时大部分的女性除了兄弟的朋友之外,没有其他与异性相识的机会。(在南高节[2]的主打歌《我的妹妹》中,主人公的妹妹嫁给了朋友。由于这一代人普遍有四个兄弟姐妹,女性有哥哥的概率很高。因此,我推测"哥哥的朋友"是相当一部分女性的结婚对象。)

并且,在这个男女交往机会较少的年代,不管是相亲还是在职场,都有一种"错过眼前人可能就不再有机会了"的紧迫感,这促进了婚姻的结成。

没有理由不和喜欢的人结婚

在以结婚为目的的恋爱准则下,相爱的两个人没有理由不结婚。在这个年代,如果人们不以结婚为前提交往的话,就会被指责为"不靠谱"。而在那个年代,婚前性行为是不被鼓励的,所以要想深入交往,唯一的办法就是结婚。

而且,当时和喜欢的人结婚在经济上也是没有阻碍的。正如在第五章中所讨论的,人们婚前的生活水平较低,男性收入稳定上涨的前景良好。男女交往的机会贫乏反倒增加了彼此喜欢的概率,且经济方面的条件对结婚起到了积极作用。

三、恋爱与结婚的分离以及吸引力差距(1980年以后)

1980年以后的变化

在整个70年代,在恋爱这件事上发生了两个变化:恋爱与结婚分离,也就是说,人们意识到,不结婚也可以恋爱(包括性);男女之间的交往机会扩大,揭示了吸引力差距的存在。

自90年代以来,虽然恋爱相关的行为越来越活跃,但吸引力差距却越来越大,无缘恋爱的年轻人反倒越来越多了。

而这种年代的区分,类似于我所举出的少子化在经济方面的原因。1975年前后,随着经济高速增长期的结束,恋爱自由化,并且随着90年代后期新经济的渗透,年轻人之间的恋爱差距与收入差距一起扩大了。我的理解是,伴随着因自由而推进的现代社会结构转型,经济结构与恋爱状况都出现了变化。

恋爱与结婚的分离

恋爱与结婚分离这一趋势始于70年代。

从1987年开始,我以学生为对象进行过"是否想与正在交往的人结婚"的问卷调查,当时的回答分为三种:"非常想""有些想"和"不想"。当然,他们想与喜欢的人结婚,但是否与目前交往的对象结婚则是另一回事。

即使其中一方想结婚,另一方不想结婚的话,婚姻也无法成立。我只举一个例子。1990年前后,我认识的一个将近30岁的女性朋友与男友分手了。他们从大学时开始交往,持续了近十年,她和身边的人都认为两人最终会结婚。但男友告诉她,无法和她结婚。对方既没有与其他人交往,也并不讨厌她,就是结不了婚。这如果发生在60年代,他一定会被身边的人指责为玩弄感情的混蛋。

无论交往多长时间,无论多么相爱,在这个年代,恋爱关系并不能成为结婚的保证。(顺便说一下,上文中的女性朋友与交往十年的男朋友分手后不久,又找到一个男朋友,在得到可以结婚的口头承诺的第二天就预约了婚礼场地,使婚姻成为既成事实,并在一年后举行了婚礼。)

不得不为结婚找到理由的时代

80年代以后,即使不结婚,也可以毫无障碍地互相确认感情。恋人可以一起吃饭、出行、亲密接触,以前只有婚后才能做的事情,如今不以结婚为前提也可以。

也正是这个时候,性行为开始低龄化。如果不结婚就不能发生性行为的话,人们对此就会更加慎重。但是,若没有必须结婚的压力,那么就没有理由压抑彼此的需求。

表7-2是日本性教育协会提供的学生的性经验比例。可以看出,大学生、高中生的性经验比例分别在80年代和90年代有所提升。(遗憾的是,这个数据没有包括辍学者和走上社会的人,但它是自1974年以来通过可靠的抽样调查得到的数据,非常宝贵。)

表7-2 性经验率的变化(%)

	1974	1981	1987	1993	1999	2005
大学男生	23.1	32.6	46.5	57.3	62.5	63.0
大学女生	11.0	18.5	26.1	43.4	50.5	62.3
高中男生	10.2	7.9	11.5	14.4	26.5	26.6
高中女生	5.5	8.8	8.7	15.7	23.7	30.0
中学男生	—	—	2.2	1.9	3.9	3.6
中学女生	—	—	1.8	3.0	3.0	4.2

出处：(财团法人)日本性教育协会"第6次青少年性行为调查",《现代性教育研究月报》,2006年10月号。

国立社会保障与人口问题研究所对单身人士的调查也显示,男性在1987年有性经验的比例已经"达到一个最高点",而超过半数的20岁以上单身人士已经有性经验(图7-2)。对于女性来说,90年代的增长幅度很大,到1997年,超过半数的20岁以上单身女性有性经验。到了2005年,25岁以上年龄段的性经验比例反而开始下降。正如我们后面将讨论的,这可能是由于吸引力的两极分化现象正在发展。(有过与异性交往经验的人更容易结婚,反之则倾向于不结婚。另外,关于未婚者的性经验比例,这项调查的数据是最可靠的。然而,遗憾的是,这个数据只覆盖了18岁以上的样本,并且只从1987年起,缺少

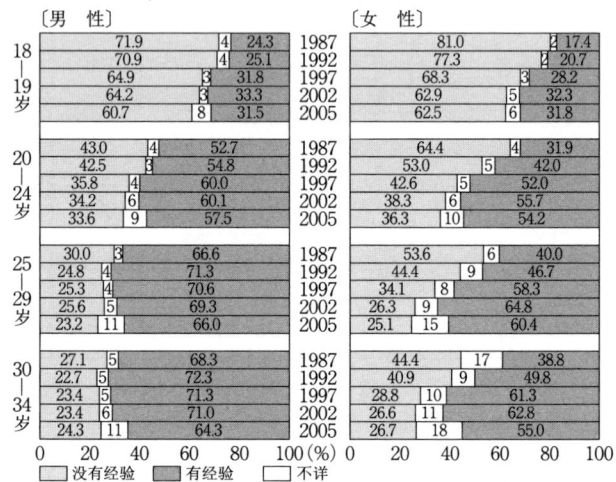

图7-2 未婚者的性经验

设问:"您至今为止曾与异性发生过性行为吗?"
1. 发生过 2. 没有发生过

第13次调查的设问是:1. 过去一年内发生过 2. 过去一年内没有发生过,但之前发生过 3. 没有发生过

出处:《关于结婚与生育的全国调查(独身者调查)》,国立社会保障与人口问题研究所。

婚前性行为存在争议的年代的数据。或许当时,婚前不发生性行为是理所当然的,所以没有设置相关的提问。)

从这时开始,晚婚成为热门话题,关于婚姻的利弊的讨论也开始盛行。换言之,正因为恋爱也不一定要结婚,所以就必

须考虑婚姻的利弊。

也就是说,我们进入了一个需要理由来结婚的时代。

而身为单身寄生族,婚姻的经济效益只会降低。

2005年我接受了法国来日本的经营学研究生院日本视察团成员的采访,谈到了日本年轻人的情况。当我表示日本未婚者越来越多,并且大多与父母同住时,法国人问道:"日本的年轻人没有性欲吗?"年轻人成年之后,不结婚,不同居,也不租公寓独居,而家里又有父母在,这难道不是意味着无法进行性行为吗?我告诉他,在日本有"爱情旅馆",也就是用于短暂休憩的场所。他说:"从成田机场乘大巴过来,一路上看到很多'旅馆'招牌,我问导游,导游却含糊其词,是那个吗?"我回答是,对方恍然大悟(当时这段对话肯定令翻译十分为难)。

男女交往机会增多与吸引力差距初显端倪

男女交往的机会明显增加。20世纪80年代以后被称为女性时代,女性逐渐进入各个领域。只招男生的大学已不复存在,各个专业都开始招收女生。此外,男性和女性日常一起出行、聚会的机会增加,例如联谊会和社团活动等。

在职场上,综合岗位的女性也在增加,形成了男女一起工作的局面。另外,在休闲领域,男女也有更多的机会一起参与。

当时流行的电视剧中也展现了时尚的恋爱关系。

人们认为,如果日常当中和异性接触得越多,就越容易找到对象,但事实并非如此。当时的经典电视剧,如《长不齐的苹果们》(1983)和《男女7人夏物语》(1987,均在TBS播出),都在刻画群体中的吸引力差距。这一时期电视剧的一个特点是,围绕着具有吸引力的男女展开情感纠葛。一个有吸引力的人,不管是男性还是女性,马上就会被约出来,然后产生一对情侣。如果两个人因为某些原因分手,又会开始和别人交往。在众多异性之中,自然会有喜欢和不喜欢的人。而因为"审美标准"是受社会的影响而形成的,所以万千宠爱必然集中在那些有吸引力的人身上。因此,除了那些被认为有吸引力的人,就出现了"单恋"的问题。

对于无法结婚的男性过于残酷的恋爱环境

而这种吸引力差距对男性的作用过于残酷。男性的吸引力往往集中体现在与经济实力的相关因素中。例如会运动、有领导力、能力突出等,对女性都有吸引力。反之,没有这些因素的人就不太容易被女性喜欢。而那些不具备这些优秀要素的人,更有可能在结果上成为"低收入的男性"。有人认为,因为恋爱已经与婚姻分离,所以人们会纯粹因为兴趣爱好和价值观的匹配与否而互相吸引。但，文化刻印在人们心中的吸引力要素是不会轻易改变的。

在1970年之前，多数男性都有机会被女性欣赏，并且都能够结婚，是因为当时男女交往范围狭小，年轻男性间的收入差距较小。

然而，自70年代以来，男女的交往机会扩大，收入差距也在扩大。到了90年代末，由于新经济的渗透，不仅飞特族与高收入年轻人之间存在差距，收入预期和收入稳定程度也出现了明显差距。

所以，低收入男性处于双重劣势地位。

本来，这些男性就很难找到对象。女性往往喜欢经济实力较强的男性，这也并非基于盈亏的比较，而是受到喜欢运动王牌选手、偶像组合队长的社会风气影响。

即使成为恋人，能否进入婚姻又是另一回事。结婚需要不少花费（如第六章所述，许多飞特男以前也曾有过恋人），即使感受到吸引力，开始交往，但涉及婚姻和生活就是另一回事了。

依靠运气的女性

女性遇到自己喜欢并且合适结婚的对象，是否被对方喜欢是影响恋爱、结婚的一个因素。女性的吸引力不像男性那样集中在一点上，无论是学历还是年收入，这些属性都难以解释女性的吸引力。

因此，男性，并且是女性自己认为有吸引力的男性是否喜欢自己，取决于一些偶然的要素。而那些经济实力强、性格好、被女性喜欢的未婚男性的数量在不断减少。越来越多的女性想依靠运气来遇到合适的男性，而这些男性本身已经很少了。恰好遇到，又恰好被对方喜欢上的女性，最后也更容易恋爱和结婚。

男女交往和吸引力差距的进一步扩大

此外，90年代末信息技术发展，出现了交友网站，手机也得到普及。与朋友的朋友相识并保持联系变得很容易。而且，即使不通过交友网站，也可以利用网络从更广的范围中选择恋人。恋爱的市场在不断扩大，人们也有了更多选择。

因此，男性吸引力的差距进一步扩大。图7-3是日本性教育协会的调查结果。

该图显示了1999—2005年各年级男生性经验比例的变化（山口大学助教高桥征仁制作）。左图显示了性经验比例，右图显示了与三人或以上有过性经验的百分比。随着学年上升，性经验比例也在增加。2005年的数据显示，随着年龄增长，男生的性经验比例已经到达顶点，与六年前相比，大学三、四年级的性

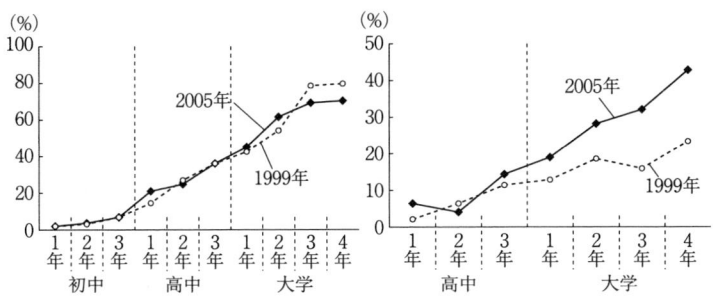

图 7-3　性经验比例

出处：据高桥征仁《青少年的媒体接触与性行为》，第 50 次日本性研究会议发布资料。

经验比例有所下降。另一方面，与三人或以上有过性经验的人，在过去六年中急遽上升。比较大学四年级男生的话，1999 年有 20％从未有过性经验，与一人或两人有过性经验的占 60％，与三人或以上有过性经验的占 20％；但到了 2005 年，30％从未有过，一人或两人的占 30％，三人或以上的占 40％。换言之，大学男生之间的差距越来越大，甚至出现两极分化，不受欢迎的人越来越不受欢迎，而受欢迎的人则会与更多女性交往。

有吸引力的人，会从更广的范围内寻找到更有吸引力的伴侣，就算厌倦了也更容易找到下一个。而没有吸引力的人，则隐蔽在暗处，很难找到伴侣。别说挑选了，甚至连选择的权利都没有。同时,人们一般认为男性应该积极表白,而恋爱市场化对男性的影响更加残酷。慢慢地,更多的人会放弃交往。因此,报告中还显示,"对男女交往不感兴趣"的男生近六年来有所增加。

四、奉子成婚的增加

奉子成婚的增加

在日本,唯一与少子化趋势不符的指标是"奉子成婚"。

如果要准确地界定奉子成婚的含义,即暂时没有结婚打算,但意外怀孕,为了不让孩子成为非婚生子,而进行结婚登记。

为了便于统计,我们可以统计出结婚后 10 个月内出生的孩子数量,即婚姻存续时间短于妊娠时间的出生数(即结婚时女性已经怀孕的情况)。其中也包括没有发现怀孕而结婚的情况,尽管不符合定义,但本文暂且将其纳入奉子成婚的范畴。

日本在 2004 年约有 14 万对夫妻奉子成婚,约占总数的五分之一,达到所有婚生头胎子女(已婚夫妇的第一胎)数的四分之一,并使总和生育率提高了 0.1。如果没有奉子成婚,日本的总和生育率将降至 1.1 以下,与韩国水平相当。这一点很重要,因为从统计上看,韩国几乎不存在奉子成婚。在日本,可以说正因为其存在,才避免成为世界最低出生率的国家。

奉子成婚的类型有很多,也有交往多年的情侣,决定有孩子就结婚,于是进行无保护性行为后怀孕,并以此为契机结婚的例子。

奉子成婚的年龄和地区分布

但是,如果分析一下奉子成婚的年龄构成、地区分布,从年龄上看,25岁以下的女性更多。2004年的数据显示,几乎所有20岁以下,以及20—24岁女性近三分之二的生育是由于未婚先孕(图7-4)。换言之,25岁以下女性中,婚后受孕的反而是少数。

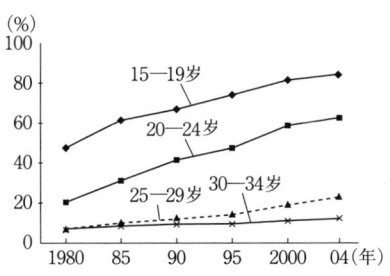

图7-4 由"意外怀孕而结婚"生育的按年龄划分的构成

出处:《人口动态统计》,厚生劳动省。

从地区上看,冲绳县、九州县和东北各县较多。在冲绳,达到婚后头胎子女数量的一半(表7-3)。并且,奉子成婚与青年失业率相关。在经济状况相对较好的神奈川、东京等首都圈,中京地区和关西地区,奉子成婚的比例较低。

表7-3 由意外怀孕而结婚并生育的第一胎所占的比例(按都道府县划分)

〔前十位〕

都道府县	比例(%)
冲　绳	46.8
佐　贺	40.8
岩　手	38.5
福　岛	37.4
熊　本	37.1
青　森	37.1
宫　崎	37.0
山　形	35.0
长　崎	35.5
秋　田	33.5

〔后十位〕

都道府县	比例(%)
神奈川	20.3
东　京	21.0
京　都	22.4
兵　库	22.6
滋　贺	22.9
爱　知	23.0
奈　良	23.8
大　阪	24.1
千　叶	24.3
富　山	24.4

出处:据厚生劳动省《平成十七年关于出生的统计概况》制表。

将这一数据和第一章的出生人口减少率的地区分布(表1-4)对比发现,2005年,除冲绳外,与1995年相比,出生率越低的都道府县,奉子成婚的比例越高。出生率下降幅度最大的青森县排名第六。

年轻人的经济实力较差,没有余力开始婚姻生活,所以出生人数会减少。然而,男女关系的交往却越来越活跃,其结果就是意外怀孕。国立社会保障与人口问题研究所的一项研究表明,受教育程度越低的年轻人越少采取避孕措施。

因此,在经济不稳定的情况下开始婚姻生活的例子越来越多。经济无保障、思想不成熟的父母可能成为虐待儿童的潜在人群。即使不是这样,对未来无望的父母抚养长大的孩子,恐怕也很难抱有希望。即使出生人口增加,这样的形式也不是理想的生育方式。

---

1. 江原由美子,日本社会学者,横滨国立大学教授。
2. 南高节,日本民谣歌手。

第八章

少子化问题能否解决

一、解决少子化问题面临的挑战

应对少子化的两种措施

最后,必须提一下应对少子化的措施。第一章中已经指出,少子化对日本社会有很多不利影响。不可否认,我们有必要采取一些措施来应对出生率的下降。

如第一章所述,应对少子化的措施有两种类型(表8-1)。

表8-1 两项应对少子化的措施

---

1. 预防和缓解生育率下降的措施
2. 减轻出生率下降造成的社会不利影响的措施
宏观措施 ① 劳动力 ② 社会保障 ③ 经济增长
微观措施 ① 地区差异(特别是人口减少地区的维持)
② 家庭差异(维持孤立人群的"经济生活"与"自我认同")

一是预防和缓解生育率下降。如果说少子化给社会带来了不利影响,那么目的一方面是扭转生育率的下降,另一方面是减轻出生率下降造成的不利影响。

如何确保政策的正当性,以及将目标指向何方是争论的焦点。关于第二项措施的必要性,是无须争议的。出生率下降,人口在减少,即使生育率停止下降,也要十年、二十年以后才会见到效果。不言而喻,需要重新配置资源,调整社会制度,以应对人口减少的问题。

不过对于第一项措施,关于是否应该采取措施缓解生育率下降,专家持有不同的立场。特别是会让人想起战前以提供大量兵源为目的的鼓励生育政策。另一种根深蒂固的观点认为国家不应介入婚育等私人领域。此外,即使是为了缓解整个社会的不利影响,鼓励违背个人意愿的生育也属于过度干预,还可能对不能生育或不愿意生育的人形成压力,造成其生存困境,引起社会问题。

近年来,公共政策中常见的逻辑是,对想结婚生育但没有能力的人给予公共支持。但是仅凭这一逻辑并没有任何的正当性。如果将"国民有愿望不能实现,应给予支持"的逻辑推而广之,正当性就不复存在了,例如,老百姓想买车但买不起,要给予公共支持——肯定会被付之一笑。

我的观点是,要想让这个逻辑成立,必须形成一个共识,即结婚生子这件事,如果人们想实现,那么就必须优先实现,因为这是基本人权。

精神分析学的创始人弗洛伊德说过,人类最重要的事情就是工作和爱。这并不意味着工作和恋爱只是为了争取生存或满足生理需求的一种手段。正如耶稣所说,人活着不是单靠食物。弗洛伊德的性欲理论常被误解,但我认为,弗洛伊德所说的性欲,是指与他人建立社会联系的欲望。

对于失去了宗教和社群的现代人来说,工作与人际交往都是与社会保持联系的连接点。人际交往并不限于以血缘或法律为纽带的家人关系,但在现代社会中,在家庭关系中比较容易实现(工作,从建立社会联系的意义上讲,广义上包括家务、育儿和志愿工作等有益于社会的活动)。可以说,通过工作和家庭,现代人成为一个具有社会性的个体。我相信,社会性是人类的最本质存在方式(当然,我保留除家庭和工作之外,还有其他社会联系方式的可能性)。

个人化与支持独立的必要性

现代社会最大的问题在于,人作为具有社会性的个体,必须凭一己之力找工作、建立人际关系,这是个人化在现代社会的本质。

无可争议,为培养工作能力而开展学校教育,提供就业和失业援助,这些都是公共职责所在。就业虽然是个人的事,但国家为其提供支持,基于这样一个判断,即人们需要通过工作融入社会,在社会中获得自我认同。

我认为,支持人们通过婚育来进行社会参与,也是社会应该做的事。当然,人际关系未必只存在于有制度保障的家庭成员之间,而且制度保障关系,不能保证感情。但是,我相信婚育是保证它的一个方法。

此外,正如第五至第七章所讨论的那样,现在的年轻人结婚难、生育难,与其说是年轻人自己的责任,不如说是社会条件变化造成的结果。我认为,为那些因这些变化而希望落空的人提供支持,以帮助他们培养出应变的能力,是社会的应有之义。

人口迅速减少地区的应对措施

首先,我们来整理一下缓解低生育率带来的不利因素的措施。

正如第一章所讨论的,少子化的这个阶段伴随着人口年龄结构的变化,从宏观角度看,对劳动力供给、社会保障和经济增长都是不利的。这一点在经济学和政策研究中已经有过很多讨论。

然而,即使以国家为单位的经济增长和社会保障得以维持,地区和家庭差异的问题依然存在。

从地区差异来看,当务之急是人口迅速减少地区的有效维持。从各县的数据中我们可以看到,即使保持目前的总和生育率,也普遍存在着作为该地人口基数的年轻人离开,出生人口数量迅速减少的情况。同时,还必须注意到,在出生人口数量减少的地区,奉子成婚的比例很高。如果有更多的年轻人在经济不稳定的情况下生育,他们将需要有力支持。此外,人口老龄化的发展也将伴随着差异。在老年人资产多、养老金高的地区(城市),依靠他们的消费,服务业也会增加。另一方面,在资产和养老金较少的老年人集中居住的地区,由于日常所需的服务无法由私人机构提供,差距会越来越大。

这意味着,年轻人口将减少,留下来的年轻人没有经济实力,另外将出现消费能力低下的老年人口较多的地区。需要采取措施振兴这些地区,否则就需要采取对这些地区有效维持的对策。让这样的地区寻求自给自足的振兴是不可能的。只要人口自由流动,在这种地区出生并充满活力的年轻人就会选择去有发展前景的地区发挥自己的才能,有钱的老人则会搬到服务更好的地区。至少,这些行为是无法人为阻止的。

日本作为一个整体,必须采取措施应对人口迅速减少的问题。

单身寄生族孤立问题的对策

接下来,来看一下家庭差异。

第六章中提及了单身寄生族年岁渐长。现今,随着未婚率的高企,与父母同居的未婚者也在增加,并且不稳定就业者的比例也在徐徐上升。总之,只要父母健在,就算父母退休,也可以依靠父母的退休金生活。即使本人低收入或无收入,甚至父母需要照料,从经济上看还是可以维持生活的。

但是,一旦父母身亡,无法依靠其退休金生活,他们就失去生活来源。最近,大约每个月都有一次,报纸社会版会出现一则短讯——中年无业男子抛尸被捕。我第一次注意到类似的新闻是在2004年左右,但一定在那之前就有了。我怀疑这是一个依靠父母生活的无业人员,为了继续领取已故父母的养老金,瞒报其死讯。在未来,比如说十年、二十年以后,这样的案件一定会增加到不可忽视的地步。

这不仅仅是经济问题。正因为有关心、需要自己的人,人们才能够积极地生活下去。父母在世时,有人关心自己;当父母卧床不起,自己反而会切实体会到自己存在的必要。如果身边完全没有亲人,就会置身于没有人关心或需要自己的境地。

此外,如果就业有保障,或者事业进展顺利,人们可能会在工作中感受到自己的必要性,反之,也就无法得到自我认同。即使工作收入足够生活,但如果一直没有关心自己的人,步入老年,可能会有越来越多的人感到绝望。

今后,将越来越有必要对可能处于孤立境地的人提供社会支持,以保证其经济稳定和自我认同。

二、出生率下降趋势能否扭转

总结导致未婚化和少子化的因素

让我们再回顾一下造成日本少子化的因素。

一是经济因素:对婚后生活水平的预期提高并保持较高水平;年轻人收入预期下降。

另一个是与男女交往有关的社会因素:观念改变,认为不结婚也可以;吸引力差距扩大。

要扭转这一局面,还面临着相当大的困难,因为日本出生率下降是经济和社会因素,以及在男女交往模式的全球结构性变化当中,日本特有的文化因素(单身寄生现象)共同作用的结果。要阻止全球的结构性变化几乎是不可能的,同时也很难改变日本独特的文化因素。

确实,绝大多数年轻人想要结婚生子,说明还是有希望的。但考虑到日本少子化的根本原因,要创造出一个能够实现他们愿望的环境并不容易。

由于经济低速增长和新经济的渗透,年轻人的收入水平下降,男女交往自由化的趋势将使吸引力差距越来越大。而日本的单身寄生现象,提高了人们对婚后生活的期望水平,既然可以和父母一起生活的同时与异性交往,那么有了恋人也没有必要结婚(或同居)了。而在人们对育儿标准要求不断提高的同时,由于新经济降低了人们对收入增长的预期,已婚人士的生育率也在下降。

在这种情况下,男女之间就会出现不匹配的情况。这是由性别分工意识的残留带来的。性别分工有两个侧面:一个是经济分工,男性婚后自然要养家;另一个是吸引力的性别差异,收入较高的男性被认为是有吸引力的,受到女性青睐。这就造成了想结婚而结不了婚的男女之间存在重大差异,其中被认为未来收入较不稳定的男性以及对婚育生活期望较高的女性的人数会越来越多。

期望值水平的大幅下降和收入的大幅增加都不可能

如果问题是对婚后生活的期望过高,那么降低期望就会起到鼓励婚育的目的。尤其是未婚女性,由于她们期望过高,找不到结婚对象,有些专家意见表示期望值应该降低。

但在寄生文化下,这几乎是不可能的。对于那些和父母一起生活的人来说,单身时的生活水平要大大降低,即使他们自己可以忍受,也还是要在孩子身上花比自己成长过程中更多的钱。经常听到有人说,就应该像美国和西北欧那样,把成年的儿女赶出家门。但这样做,就相当于让儿女去过社会最底层的生活。在日本,房租等基本生活成本很高,并且年轻人几乎没有社会保障。若年轻人认为年收入150万日元不可能独立生活,需要尽快结婚,找人一起生活降低成本,但结果便是产生一对低收入夫妻。

正如经济评论家森永卓郎[1]所说,人们应该以年收入300万日元为目标,过上富裕的生活。这样的观点是正确的,但问题在于,收入低却依然过上富裕生活的年轻人是否想要独立,而且父母也不是宁肯子女过得不好也要让他们结婚。当然还有一个办法是,父母继续资助子女婚后的生活,但是这也会根据父母的经济状况产生差异,况且今后如此有财力的父母会越来越少。

不过,关于这一点,因为今后可能无法再寄生下去,所以是有可能解决的。目前,父母养育子女的生活水平差距开始拉大,随着贫困父母养育的孩子成年,越来越多的年轻人的婚后生活期望水平会降低。然而,正像经济高速增长期一样,大多数父母并不贫穷,这种情况也造成了父母之间的差距。对于生活在富裕父母身边的未婚女性来说,只要结婚前提仍然是依靠丈夫生活,那么找到一个能保证生活比现在更富足的对象的概率就很小。

如果难以降低婚育生活期望值,那么夫妻双方必须想办法提高未来的收入。

在这一点上也大不如前了。在现实当中,不可能保证所有的年轻人都能回到经济高速增长期的家庭模式,即"男主外、女主内","夫妻共同经营,以更富裕的生活为目标"。

在新经济模式下,不可能给所有男性恢复年功序列制和终身就业制,无论经济有多大改善,也不可能在经济上保护多数个体,让他们增加收入。

甚至保证一半的年轻男性可以靠自己的收入,构筑比现在更富裕的生活前景,都很困难。

仅依靠两性平等政策是不够的

一个可能的策略是,夫妻双方共同工作,为未来生活勾画蓝图。为此,有必要从意识和制度上促进两性平等,创造一个夫妻双方都能边工作边养育孩子的环境。正如第五章所讨论的那样,这是美国和西欧、北欧在20世纪70年代采取的措施。

首先,在观念上,我们要改变"男人养家"的观念。不过,收入较高的男性被女性视为有吸引力,所以不仅男性难以改变观念,女性也难以改变——甚至更难改变。

而在制度方面,必须创造条件让女性在结婚生子的同时,能不费力地找到工作。为此,政府制定了"天使计划",通过了育儿假法,扩大育儿假的范围,设立更多的幼儿园,放宽相关管制。

但问题是,这些少子化的应对措施都是以职场妈妈为中心设计的。

无论是育儿假,还是放松对幼儿园的管制,政府建立了一套制度,让高学历、事业型的全职女性员工更容易结婚、生子、育儿。职场妈妈可以通过休育儿假获得重返工作岗位的支持,同时补充收入,使她们能够暂时集中精力抚养孩子。同时她们的高收入可以用来购买托幼服务,如果她们能维持高收入的工作,将来还可以支付孩子的高等教育费用。

此外,支援因为生育暂时离开职场的女性重返职场的政策也有很高的关注度。不过,即使在这种情况下,这些措施的前提也是为了帮助那些想利用自己的资质和能力的高学历主妇,在养育孩子的同时,重新成为职业女性。创业扶持也是如此,经常提到的案例也仅限于有高技能的女性。

问题是,女性的就业状况比男性的差异更大。派遣员工或临时工女性既没有育儿假,也没有重返工作岗位的前景,退休后更没有收入保障。试图重返职场的主妇,如果缺乏企业要求的技能和资质,就无法找到条件好的工作。低技能女性的丈夫往往也是低收入,所以她们成了家庭主妇的话,就无法过上普通的家庭生活。即使是兼职,收入也不会增加很多。她们别无选择,只能控制自己的子女数量。而且,正如第六章所提到的那样,没有正式工作的女性,也就是没有能力积累技能的女性,很难结婚,因为她们不得不依赖丈夫的收入,无奈之下只能等待一个收入更好的丈夫。

换言之,虽然目前支持工作和育儿平衡的政策措施使少数受过高等教育、有能力的女性更容易结婚生子和养育子女,但反倒让没有技能的女性陷入了难以婚育的困境,而当孩子出生后,就会更加艰难(不能打工,丈夫收入也不高)。

另一方面,如果在1995年收入不平等的差距冲击日本之前,有足够的措施支持工作与生活的平衡,如建立幼儿园和保证育儿假,日本的少子化进程就会慢很多。这是因为当时的未婚女性大多是全职员工。但是,在未婚女性非正式就业率超过40%的今天,以女性是正式员工为前提的支持工作与生活平衡的措施不再有效。

就算制造见面机会……

近年来,随着未婚人数增多,婚姻信息服务行业蓬勃发展。

此外,作为应对少子化的措施,地方政府等还为男女创造见面机会并给予支持。一些公司和公职部门也为职员或他们的成年子女提供支持。

但是,制定这些措施的人并不了解结婚难的根本问题所在。正如我曾多次说过,不婚是在男女交往增加的情况下出现的,存在吸引力差异,另外即使彼此喜欢,如果经济条件不合适,也不会结婚。

所以,即使把一群男女聚在一起,让他们见面,也只有那些最有吸引力的一小部分人、那些经济上互相匹配的人,才会互相配对,大部分人都作为"被比较的对象"剩下来。

当然,这并不是说婚姻介绍业务没有效果。但是,如果将年轻人的吸引力差距和经济状况弃之不顾,是不可能仅让未婚男女见面就能促成婚姻的。

三、作为应对预期与现实差异的少子化对策

我认为,为了扭转日本出生率下降的趋势,以下四项措施是必要和有效的:让所有年轻人获得有前途的工作和稳定的收入预期;无论生于何种经济状况的家庭,都确保孩子有机会接受一定程度的教育;提倡两性平等;为年轻人提供机会,培养

沟通能力。让我们按顺序来看一下。

所有年轻人都能获得有前途的工作和稳定的收入预期。

因为预期没有足够的收入用于结婚生子，所以不能结婚生子。那么我们需要在差距社会中创造一个可以拥有良好收入前景的环境。在短时间内消除兼职等非正式雇用形式是不可能的，而且即使是全职工作，也不能保证未来收入会增加。其应对措施就是要从根本上改变目前年轻人进入职场的模式。由于目前的普遍情况是所有毕业生同时就业，那么，对其中掉队的人（毕业后无法找到正式工作的人、高中辍学者、中途离职人员等）非常不利。那么，我们就应该建立一个制度，让所有人，即使曾经一度是临时工，也能在30岁左右找到一份有保障的稳定工作。具体来说，就是提供支持让他们成为正式员工，或者建立短期正式员工制度。而针对失业和收入下降的风险，应调整社会保险制度，建立生活保障制度。有了这样的制度，即使收入不高，两个人的收入加起来，也有望保证他们在养育孩子的同时过上体面的生活。

无论生于何种经济状况的家庭，都确保孩子能接受一定程度的教育。

孩子在成人之前，需要父母为其负责。然而，父母经济状况差异过大是导致少子化的一个重要因素。一些富裕的家长对现行的公立教育体制不满,送孩子上补习班,进行课外辅导,送孩子上私立学校等,已经成为普遍现象。对于那些没有余力考虑孩子未来的父母,唯一的应对措施就是控制孩子的数量。日本的高等教育费用尤其高昂,且几乎都由父母承担。在这种情况下,父母收入差距扩大无疑是导致每对夫妻平均子女数量下降的主要因素。高等教育等费用高昂,在日本和韩国是由父母支付的,随着收入差距扩大,出生率也迅速下降,这一事实不容忽视。

那么,养育子女必须要有收入保障。给孩子报课外辅导班、买益智玩具,让孩子过上和别的孩子一样的生活,需要花费不少钱。保证养育孩子的家庭有一定收入,增加育儿补贴的政策应该是有效的。但最重要的是,如果公共教育(包括子女的社会教育)得到充实,高等教育的费用由公共财政负担,那么经济条件不好的父母,或者担心未来收入下降的父母,也可以养育多个子女。

提倡两性平等。

同样重要的是,要进一步促进旨在实现两性平等和工作生活平衡的政策。而且不只是针对职业女性,还需要考虑到低技能女性。

那么,可以采取哪些措施呢?例如,就业相关的保障和调整安置。北欧国家在应对少子化方面取得了成功,正是因为在公共服务领域雇用低技能女性从事护理和育儿等工作。在日本福井县,低技能女性也能安然工作,双职工率较高,因此,少子化趋势也在一定程度上得到了遏制。

由于这些女性无法获得可观的收入,除了与高收入男性结婚之外,对未来没有任何希望。如果在结婚生子之后,自己也有工作和固定收入,就不用顾虑结婚对象的收入了(当然,仍不排除其与高收入男性结婚、成为家庭主妇的选择)。

为了应对出生率下降,我们需要建立一个制度,以保证所有想工作的年轻女性,包括低技能女性,能找到稳定的工作,即使在孩子出生之后,也为她们创造工作机会和适宜的工作环境,使她们能够合理安排工作,为家庭经济做贡献。

为年轻人制造机会,培养沟通能力。

最后,我们需要考虑如何解决吸引力差距。如果在婚姻中不考虑经济条件,那么我们将生活在一个纯粹以性格、爱好、相貌等来选择伴侣的时代。而在这个时代,沟通能力,或与人相处的能力,将是最重要的。即使和一个人开始交往,如果没有沟通的能力,这段关系也不会长久。

以免大家误会,我在这里声明,我并不认为过去的年轻人沟通能力更强。以前的人比现在更加缺乏沟通能力。不过,在以结婚为前提才能交往的时代，人们即使没有沟通能力也能结婚，在这一过程中，乃至婚后，通过实战学会了如何沟通。而现在，即使交往也不一定结婚，所以想要让一段感情长久，沟通技巧是非常重要的。而人们在沟通能力上也是有差距的。

也许有人会说，沟通技巧是一种个人责任，应该自己去学习掌握。但是，家庭的沟通环境存在巨大差距，若学生在学校也没有机会掌握沟通技巧的话，社会就不应该放任不管。

因此，有必要建立一个体系，为未婚的年轻人提供培养沟通能力的机会。这里的沟通能力并不是指良好的演讲能力，它是理解他人的需求，并将其与自己的需求协调起来的能力。这不仅是结婚的需要，也是工作能力的需要。

尤其是在当今社会，无论男女都有各自的人生规划。如果两个规划不同的人结婚，就要调整各自的规划。这种调整能力也是沟通能力的一种。

既然公共机构可以为男女双方提供见面的机会，那么同时也可以提供公共教育项目，培养男女双方自主结识的能力，以及见面后能长期维持的能力，或举办讲座，培训沟通技巧。

根本在于为年轻人提供一个充满希望的环境

虽然有些措施是在与少子化应对政策无关的情况下单独

实施的,比如年轻人的就业政策,但这里提出的四点,作为应对出生率下降的举措,至今并没有得到很多关注。可以把这些看成是我在《新平等社会》中提出的"给差距社会开药方"的少子化版本。我相信,从希望格差社会过渡到新平等社会的话,自然会扭转少子化的趋势。

孩子确实是"希望"的象征。如果年轻人对未来抱有希望,他们中的很多人就会结婚生子。借用社会心理学家内塞对"希望"的定义:"希望来源于感觉到努力会有回报;当一个人感到努力得不到回报时,就会绝望。"那么,人们普遍感到自己结婚生子的努力得不到回报,就是少子化的原因。为了恢复年轻人的希望,我们需要为所有年轻人提供一个环境,使他们的努力得到回报。这样的措施则具体体现在以上四点。

如果实现了这四点,那么每个想结婚生子的人都能找到合适的伴侣,拥有一段长久的感情。

从经济上来说,每个人在30岁左右就能找到一份固定的工作,所以即使大家收入不高,只要两个人一起工作,未来也有望过上优裕的生活。即使收入减少、失业或离婚,但因孩子的生活和教育有一定的支持和保障,也可以放心生育。即使暂时离开工作岗位去抚养孩子,即使不具备高学历和技能,也可以找到一份稳定工作,把孩子送到幼儿园。这样的环境将扭转日本出生率下降的局面。

当然,我们需要对应届生就职机制、社会保障、教育制度等进行重大改革。否则,日本的出生率就会继续下降。

1. 森永卓郎,日本经济学家。

后　记

我对少子化的兴趣是由一个简单的问题引起的,因为广为流传的一个少子化原因是,女性不结婚是因为想工作。

20世纪80年代被称为女性时代,女性就业率上升的同时未婚率也在上升。这些单身女性被称为"职业女性",在商界潇洒自如,备受瞩目。仅看这种情况,人们很容易认为少子化是由于想工作而不愿照顾孩子的女性人数增加了。

1990年,家庭经济研究所对青少年的亲子关系进行了调查(主要研究者是当时千叶大学助理教授宫本道子),我应邀参加了其中对20多岁的年轻人及其父母的调查。我们发现,大多数单身人士并不是独自生活,而是和父母一起居住,他们在经济上依赖父母,生活富足,这一发现后来成为单身寄生理论的基础。同时我注意到,很少有女性因为要工作而不想结婚。

虽然有女性表示婚后想继续工作,但也有很多女性表示想早日辞职结婚。正如序章中所言,未婚职业女性的增加,是"想辞职结婚"而不得的结果。另外,日本结婚生育后离职的女性很多,与其说是迫不得已,不如说是"想辞就辞了"。

1990年前后,我的很多朋友都辞去了工作,不管是研究所的研究员、出版公司的编辑,还是中小学的教师、税务专家,这些女性从事着一份生完孩子后能够返岗的工作,但都在结婚生子后辞去了工作。她们的丈夫都是一流企业精英、大学教师等有望获得相对高收入的群体。我们采访过的许多职业女性都说,觉得结婚生育是辞去工作的好机会,因为她们厌倦了自己的工作,或者因为工作没有达到自己的预期。现在她们养育孩子有段时间了,令人印象深刻的是,她们都表示"当时没有辞职就好了"。

很多事业稳定上升的人也是因为想辞职而辞职,所以我不再认为蓝领和一般事务工作者不结婚是因为想工作。

接着,在1996年,我应(当时)东京学艺大学副教授神宫秀夫的邀请,参加了厚生省协办的养老福利研究所委托的研究项目,参与了关于少子化的社会和心理因素的调查研究。本研究对166名30岁左右的年轻人进行了详细的采访,了解他们对结婚生育的看法(实际调查者为大学生和研究生)。特别令人感兴趣的是生活在农村地区、高中毕业、在装配厂工作的年轻人的记录。其中一位女性说:"很想做全职太太,但我觉得我过不上那么奢侈的生活。"另一位女性则表示："我所嫁的人,将决定我未来是过上舒适的生活,还是必须要无休止地工作。"已婚女性则有一种很强的意识,认为成家的话必须辞掉工作,辞掉工作后就无法生活——因为无法生活,就"不得不"继续工作。

而且,正如第六章所述,1999年,当我应邀加入人寿保险文化中心的调查,研究分析了飞特族后,这种想法越发强烈了。

人们一般认为,女性是想工作所以不结婚或者被迫成了家庭主妇,但事实上,相当数量的女性认为"与能给自己富足生活的男人结婚的话,就欣然离开事业,成为家庭主妇"或"虽然想成为家庭主妇,但丈夫的收入很少,不得不一起工作"。

那么,就不能得出女性因为想工作而不愿结婚生子的结论。

我于1996年出版了《婚姻社会学》,1997年向厚生省人口问题审议会汇报,后来被增补为专家委员,此外,我还在各种研究会议上介绍了我的理论,但回应寥寥。研究人员、官员和大众媒体听了我的理论都说有意思,却很难改变"女性结婚生育后想继续工作"的观点。

所以1998年的《卫生与福利白皮书》非常奇怪。它的结论是,为了满足想工作又想生孩子的女性的愿望,有必要为女性创造平衡工作和育儿的条件。尽管小仓千加子的研究清楚地表明,"新主妇偏好"正在蔓延。

当然，我认为支持平衡工作和育儿是正确的做法。之所以这样说，并不是因为女性想工作（当然为想工作的女性创造良好的工作环境是应有之义），而是因为，为了结婚、育儿的同时过上富裕的生活，她们别无选择。

也许，研究、讨论、报道少子化问题或制定相关政策的人，绝大多数都拥有"想持续下去的工作"，无论是大学教授、官员，还是记者。这也是为什么他们永远不会想到，一个在当地装配厂每天做着同样工作的女性，以及一个没有升迁希望的女文员，永远不会因为想继续工作而不结婚。一个更加重要的问题是，要创造一个社会环境，让女性能够找到她们想持续从事的工作。

正如我在文中多次强调的那样，要为非正式就业的女性创造条件，让她们即使与收入不高的男性结婚，也能过上富足的生活。这是我在这本书中想表达的主要观点。

关于少子化的应对政策，我还想指出另一件事。

我很喜欢战争史，在中学时期，曾经看过很多第二次世界大战的故事。就太平洋战争而言，我们最终败在了综合国力上，而综合国力是以"物的数量"来体现的。但是，读了战争记录后，我认为日本军方在战略上犯了很多错误，如果没有这些错误，他们不会在这么短的时间内出现这么大的损失。

这里用战争比喻,可能是一种有些离奇的联想。如果把它看成一种为了达成目标的"战略论",回顾日本制定少子化对策的十年,就会让人想起日本军队在太平洋战争中的失败。我自认为是一个反战的和平主义者,所以希望读者能把这句话看成一个单纯的比喻。

我想从战略的角度提出三点相似之处——

第一,我在杂志上写过,就是瓜达尔卡纳尔[1]的教训。日本军方犯了一个巨大的错误,就是低估了敌人,往战略要地逐次地投入战力。日军用小股部队往美军部署好的地方冲锋,结果被全数歼灭。然而,他们不吸取教训,一而再、再而三地重复。他们也很吝惜使用战舰,妄想只用部分战舰就能抵抗。另一方面,当美军看到某地具有重要的战略意义时,他们就会把全部精力集中到该地。无论日军在战场上如何苦苦挣扎,最终还是被逐一击溃。而随着日军的击溃,美军的兵力也得以恢复,最终日军完全失去胜算。

日本为应对少子化而采取的措施似乎也经历了这样一个过程,即连续投入战力,结果在产生效果之前,现实情况就已经恶化了。诚然,政府在过去十年里采取了应对少子化的措施,包括制定了"天使计划"(1994)。然而,与老年人的社会保障、道路和港口的预算相比,其预算规模显然是微不足道的。即使是提高目前每月只有5 000日元的子女补贴（长子［女］和次子［女］）的提议，也遭到反对（结果从2007年开始，3岁以下的孩子每月的补贴调整为1万日元）。政策的决心体现在预算上。无论如何声明少子化对策的重要性，如果这些措施的规模小，又缺乏预算，那么无论实战的人员如何努力工作，都不会有任何效果。

第二，还有"大和"号战舰的教训。日本军方的革新派认为，空战将是未来战役的重点，他们主张从大舰大炮的策略转向空军。不过，主流阵营并没有改变方针政策，而是试图做一些微小的修整。最后，他们继续建造"大和"号战列舰等舰船，战略上事倍功半，浪费了资源和精力。与日本截然相反，美国在珍珠港事件后认为需要转变方针，立刻制造大量的航空母舰和飞机，短时间内就拥有了战力和战略上的优势。

应对少子化的措施同样如此。经济社会形势在当前时刻发生着变化。越来越多的人意识到，只靠丈夫一个人的收入并不能过上富裕生活。但是，由于既得利益，各种政策不能大刀阔斧地进行，政府直到现在也只能将以前的措施稍作调整后执行（虽然随着小泉内阁的成立，这种情况有所改变）。这与美国和一些欧洲国家的模式大相径庭，这些国家在人口出生率开始下降后，就立刻大胆地从"男人养家"的模式，成功过渡到"共同工作过上富裕生活"的模式。

日军的第三个失误是,挥舞着"精神主义"的旗帜,没有做出实际的应对。特别是日本军方高层坚持"认为会输就已经输了""不能泄露坏消息"的主张,忽视对现实情况的分析,导致武器、技术开发、战术的发展滞后,特别是缺乏敌军的情报,加速了战败,增加了战争的牺牲。

虽然不限于少子化对策,但最近有人提出,少子化问题的产生是因为"年轻人精神懈怠"。特别是作为应对少子化的一个重要内容,在就业问题上,我们经常听到"只要努力,就能找到工作""要对年轻人进行教育,让他们有积极性"的观点。

但是,现实是正式员工的位置已经所剩无多了,撇开这个事实,叫他们去当正式员工是不现实的。这就好比有人告诉你,在实战兵力不足、武器不够先进的情况下,输的原因是实战时的精神力量不足。

也有意见认为要向年轻人宣传结婚生子的好处。正如我在本书中多次说过,问题在于,年轻人所处的经济环境让他们即使想结婚生子也无法实现,在这种情况下,无论再怎么挥旗呐喊、振奋精神都无法解决这个问题。

我们应该要吸取战败的教训,"不能逐次地投入战力","要根据情况大胆改变政策","精神主义解决不了问题"。

这本书写完后，2006年的数据初步显示，出生数比上一年多，总和生育率有可能恢复到1.3。我认为这是由于2004年经济略有复苏，正式雇用人数增加，以及育儿假法的修订，环境越来越有利于全职女性生育。毋庸置疑的是，我们需要不断地改善社会环境，使年轻人在社会结构上更容易结婚和生育，而不仅仅是期待经济复苏和职业女性生孩子。

在本书的执笔过程中，我受到了许多人的帮助。特别是十年前成为厚生省人口委员会专家委员以后，我应邀参加了地方政府、基金会的审议会和研究小组，在那里进行了调查，从众多专家那里获得各种知识见解，得到最新的数据，这对推进我的研究极为有益。

本校毕业研究生吉森福子、研究生加藤浩平和名智荣子、大学生立石纯一郎协助我制作了图表和参考文献一览。

感谢岩波书店的小田野耕明先生提出这本书的选题策划，并给予下笔慢的我以鼓励，我才得以完成本书。

我想借此机会向大家表示感谢。

---

1. 瓜达尔卡纳尔岛是所罗门群岛最大的岛屿，"二战"期间，在该岛曾发生过激烈的战斗，许多日军的补给线被切断，许多人饿死，也被略称为"饿岛"。

参考文献一覧

（訳書の出版年は、原著＝訳書の順）

赤川学『子どもが減って何が悪いか！』ちくま新書、二〇〇四年
浅野智彦編『検証・若者の変貌――失われた一〇年の後に』勁草書房、二〇〇六年
阿藤誠編『先進諸国の人口問題――少子化と家族政策』東京大学出版会、一九九六年
阿藤誠『現代人口学――少子高齢社会の基礎知識』日本評論社、二〇〇〇年
伊藤達也『生活の中の人口学』古今書院、一九九四年
岩澤美帆「一九九〇年代における女子のパートナーシップの研究　婚姻同居型から非婚非同居型へ」『人口問題研究』五五―二、一九九九年
岩澤美帆「人口学から見た少子化」『家族研究年報』三一号、二〇〇六年
岩田正美・西澤晃彦編著『貧困と社会的排除――福祉社会を蝕むもの』ミネルヴァ書房、二〇〇五年
B・エーレンライク（曽田和子訳）『ニッケル・アンド・ダイム

ド——アメリカ下流社会の現実』東洋経済新報社、二〇〇六年

G・エスピン-アンデルセン（渡辺雅男・渡辺景子訳）『ポスト工業経済の社会的基礎——市場・福祉国家・家族の政治経済学』桜井書店、一九九九＝二〇〇〇年

G. Esping-Andersen. "Inequality of incomes and opportunities", in A. Giddens & P. Diamond eds., *The New Egalitarianism*, 2005（G・エスピン-アンデルセン「収入と機会の不平等」未邦訳）

大石亜希子「所得格差の動向とその要因」財務省財務総合研究所編『我が国の経済格差の実態とその政策対応に関する研究会』報告書、二〇〇六年

大久保幸夫・畑谷圭子・大宮冬洋『三〇代未婚男』生活人新書、二〇〇六年

大竹文雄『日本の不平等——格差社会の幻想と未来』日本経済新聞社、二〇〇五年

大橋照枝『未婚化の社会学』NHKブックス、一九九三年

大淵寛『少子化時代の日本経済』NHKブックス、一九九七年

沖藤典子『娘が「できちゃった婚」したとき』主婦と生活社、二〇〇二年

落合恵美子『二一世紀家族へ——家族の戦後体制の見かた・超えかた』有斐閣、一九九四年

落合恵美子『近代家族の曲がり角』角川書店、二〇〇〇年

加藤彰彦「配偶者選択と結婚」渡辺秀樹・稲葉昭英・嶋崎尚子編

『現代家族の構造と変容——全国家族調査による計量分析』東京大学出版会、二〇〇四年

門倉貴史『ワーキングプア——いくら働いても報われない時代が来る』宝島新書、二〇〇六年

金子隆一『将来人口推計の手法と仮定に関する総合的研究』国立社会保障・人口問題研究所、二〇〇五年

A・ギデンズ（松尾精文・松川昭子訳）『親密性の変容』而立書房、一九九二＝一九九五年

A・ギデンズ（秋吉美都・安藤太郎・筒井淳也訳）『モダニティと自己アイデンティティ——後期近代における自己と社会』ハーベスト社、一九九一＝二〇〇五年

Anthony Giddens & Patrick Diamond eds., *The New Egalitarianism*, Polity Press, 2005（A・ギデンズ、P・ダイアモンド編『新平等主義』未邦訳）

経済企画庁編『平成四年版　国民生活白書』大蔵省印刷局、一九九四年

E・ベック-ゲルンスハイム（香川檀訳）『出生率はなぜ下がったか——ドイツの場合』勁草書房、一九九二年

厚生省『平成一〇年度版厚生白書　少子社会を考える』一九九八年

厚生労働省大臣官房統計情報部『平成一七年　人口動態統計月報年計（概数）の概況』二〇〇五年

厚生労働省大臣官房統計情報部『平成一七年　人口動態統計（確定数）の概況』二〇〇五年

厚生労働省大臣官房統計情報部『平成一八年度「婚姻に関する統計」の概況』二〇〇六年

国立社会保障・人口問題研究所『第一一回出生動向基本調査　第Ⅱ報告書　独身青年層の結婚観と子ども観』一九九九年

国立社会保障・人口問題研究所『第一二回出生動向基本調査　第Ⅱ報告書　わが国の独身層の結婚観と家族観』二〇〇二年

国立社会保障・人口問題研究所『第一三回出生動向基本調査　夫婦調査の結果概要』二〇〇五年

国立社会保障・人口問題研究所『第一三回出生動向基本調査　独身者調査の結果概要』二〇〇五年

国立社会保障・人口問題研究所『日本の将来推計人口（平成一四年一月推計）』二〇〇二年

国立社会保障・人口問題研究所『日本の将来推計人口（平成一八年一二月推計）』二〇〇六年

国連人口基金『世界人口白書二〇〇六』二〇〇六年

小谷野敦『もてない男――恋愛論を超えて』ちくま新書、一九九九年

斉藤環・酒井順子『「性愛」格差論――萌えとモテの間で』中公新書ラクレ、二〇〇六年

佐藤俊樹『不平等社会日本――さよなら総中流』中公新書、二〇〇〇年

D・K・シプラー（森岡孝二・川人博・肥田美佐子訳）『ワーキング・プア――アメリカの下層社会』岩波書店、二〇〇七年

島田晴雄・渥美由喜『少子化克服への最終処方箋』ダイヤモンド

社、二〇〇七年
社会保障審議会人口部会編『将来人口推計の視点』ぎょうせい、二〇〇二年
少子化の社会・心理的要因に関する調査研究会『少子化の社会・心理的要因に関する調査研究報告書』年金福祉総合研究機構委託事業報告書、一九九七年
白波瀬佐和子『少子高齢社会のみえない格差——ジェンダー・世代・階層のゆくえ』東京大学出版会、二〇〇五年
城繁幸『若者はなぜ三年で仕事をやめるのか？——年功序列が奪う日本の未来』光文社新書、二〇〇六年
清家篤『生涯現役社会の条件——働く自由と引退の自由と』中公新書、一九九八年
総務省統計局『平成一七年国勢調査（第一次基本集計結果）』二〇〇六年
袖川芳之・花鳥ゆかり・森住昌弘『団塊と団塊ジュニアの家族学』電通、二〇〇五年
西文彦・菅まり「無就業無就学の若者の最近の状況その四」『統計』二〇〇六年五月号、財団法人日本統計協会
西文彦・菅まり「親と同居の若年未婚者の状況その五」『統計』二〇〇七年二月号、財団法人日本統計協会
竹下修子『国際結婚の諸相』学文社、二〇〇四年
橘木俊昭『格差社会——何が問題なのか』岩波新書、二〇〇六年
橘木俊昭『日本の経済格差』岩波書店、一九九八年
S・タノック（大石徹訳）『使い捨てられる若者たち——アメリカ

のフリーターと学生アルバイト』岩波書店、二〇〇六年

独立行政法人国立女性教育会館『男女共同参画　統計データブック二〇〇六』ぎょうせい、二〇〇六年

内閣府政府統括官『少子化社会に関する国際意識調査　報告書』二〇〇六年

内閣府編『平成一七年版　少子化社会白書』二〇〇五年

内閣府編『平成一三年度国民生活白書　家族の暮らしと構造改革』二〇〇一年

内閣府編『平成一五年度国民生活白書　デフレと生活、若年フリーターの今』二〇〇三年

内閣府編『平成一七年度国民生活白書　子育て世代の意識と生活』二〇〇五年

永田夏来「夫婦関係に見る結婚の意味づけ」『年報社会学論集』一五号、関東社会学会、二〇〇二年

日本性教育協会『第五〇回　日本＝性研究会議』配付資料、二〇〇六年

日本青少年研究所『高校生の友人関係と生活意識』報告書、二〇〇六年

Randolph Nesse, "The evolution of hope and despair", *Social Research*, 1999, summer.（R・ネッセ「希望と絶望の発展」未邦訳）

Z・バウマン（森田典正訳『リキッド・モダニティ――液状化する社会』大月書店、二〇〇〇＝二〇〇一年

Zygmunt Bauman. *Wasted Lives : Modernity and Its Outcasts*. Polity Press. 2003（Z・バウマン『使い捨て人生』未邦訳）

萩原久美子『迷走する両立支援』太郎次郎社エディタス、二〇〇六年

R・D・パットナム（柴内康文訳）『孤独なボウリング――米国コミュニティの崩壊と再生』柏書房、二〇〇〇＝二〇〇六年

原田泰『人口減少の経済学――少子高齢化がニッポンを救う！』PHP研究所、二〇〇一年

原田泰・鈴木準『人口減少社会は怖くない』日本評論社、二〇〇五年

樋口美雄・岩田正美編著『パネルデータからみた現代女性』東洋経済新報社、一九九九年

樋口美雄・財務省財務総合政策研究所編著『少子化と日本の経済社会』日本評論社、二〇〇六年

樋口美雄・財務省財務総合政策研究所編著『日本の所得格差と社会階層』日本評論社、二〇〇三年

Ulrich Beck & Elisabeth Beck-Gernsheim, *Individualization : Institutionalized Individualism and Its Social and Political Consequences*, Sage Publications, 2002（U・ベック、E・ベック-ゲルンスハイム『個人化』未邦訳）

Arlie Hochschild. *The Time Bind : When Work Becomes Home and Home Becomes Work*, Owl Books, 1997（A・ホックシールド『時間の拘束』未邦訳）

本田由紀『若者と仕事――「学校経由の就職」を超えて』東京大学出版会、二〇〇五年

本田由紀編『女性の就業と親子関係――母親たちの階層戦略』勁

草書房、二〇〇四年

毎日新聞社人口問題調査会編『人口減少社会の未来学』論創社、二〇〇五年

毎日新聞社人口問題調査会編『超少子化時代の家族意識』毎日新聞社、二〇〇五年

前田正子『子育てしやすい社会』ミネルヴァ書房、二〇〇四年

松谷明彦『「人口減少経済」の新しい公式』日本経済新聞社、二〇〇四年

真鍋倫子「既婚女性の就労と世帯所得間格差のゆくえ」本田由紀編『女性の就業と親子関係――母親たちの階層戦略』勁草書房、二〇〇四年

三浦展『下流社会――新たな階層集団の出現』光文社新書、二〇〇五年

三浦展『難民世代――団塊ジュニア下流化白書』生活人新書、二〇〇六年

宮本みち子『若者が「社会的弱者」に転落する』洋泉社新書、二〇〇二年

宮本みち子『ポスト青年期と親子戦略』勁草書房、二〇〇四年

宮本みち子・岩上真珠・山田昌弘『未婚化社会の親子関係』有斐閣、一九九七年

藻谷浩介「生き残る町、消える町」『中央公論』二〇〇六年、六月号

八代尚宏『結婚の経済学――結婚とは人生における最大の投資』二見書房、一九九三年

山田昌弘『近代家族のゆくえ』新曜社、一九九四年

山田昌弘『結婚の社会学』丸善ライブラリー、一九九六年

山田昌弘『パラサイトシングルのゆくえ』ちくま新書、一九九九年

山田昌弘『パラサイト社会のゆくえ』ちくま新書、二〇〇四年

山田昌弘『希望格差社会』筑摩書房、二〇〇四年

山田昌弘『家族ペット』サンマーク出版、二〇〇四年

山田昌弘『迷走する家族』有斐閣、二〇〇五年

山田昌弘『新平等社会』文藝春秋、二〇〇五年

山田昌弘編『若者の将来設計における「子育てリスク」意識の研究』厚生労働省科学研究費報告書、二〇〇四年

山田昌弘編『離婚急増社会における夫婦関係の実証研究』学術振興会科学研究費報告書、二〇〇六年

R・ライシュ（清家篤訳）『勝者の代償――ニューエコノミーの深淵と未来』東洋経済新報社、二〇〇二年

連合総合開発研究所『少子化における勤労者の仕事観・家族観に関する調査研究報告書』二〇〇一年

若林敬子「近年にみる東アジアの少子高齢化」『アジア研究』第五二巻二号、二〇〇六年

和田秀樹『「新中流」の誕生――ポスト階層分化社会を探る』中公新書ラクレ、二〇〇六年

图书在版编目(CIP)数据

少子社会：为什么日本人不愿意生孩子？/(日)山田昌弘著；丁青译. —上海：上海教育出版社，2021.6（2024.7重印）
ISBN 978-7-5720-0904-4

Ⅰ.①少… Ⅱ.①山…②丁… Ⅲ.①生育观－研究－日本 Ⅳ.①C924.313

中国版本图书馆CIP数据核字(2021)第100319号

上海市版权局著作权合同登记号：图字09-2021-0274号

SHOSHI SHAKAI NIHON：MOU HITOTSU NO KAKUSA NO YUKUE
by Masahiro Yamada
© 2007 by Masahiro Yamada
Originally published in 2007 by Iwanami Shoten, Publishers, Tokyo.
This simplified Chinese edition published 2021
by Shanghai Educational Publishing House, Shanghai
by arrangement with Iwanami Shoten, Publishers, Tokyo

特约策划　直　子
责任编辑　林凡凡
装帧设计　董茹嘉

少子社会：为什么日本人不愿意生孩子？
Shaozi Shehui: Weishenme Ribenren Bu Yuanyi Sheng Haizi?
山田昌弘　著　丁青　译

出版发行	上海教育出版社有限公司
官　　网	www.seph.com.cn
地　　址	上海市闵行区号景路159弄C座
邮　　编	201101
印　　刷	上海盛通时代印刷有限公司
开　　本	787×1092　1/32　印张7.5
字　　数	125千字
版　　次	2021年8月第1版
印　　次	2024年7月第2次印刷
书　　号	ISBN 978-7-5720-0904-4/C·0004
定　　价	49.00元

如发现质量问题，读者可向本社调换　　电话：021-64373213